Wi proten un wi snackt in Ostfriesland

Carl-Heinz Dirks

WI PROTEN un WI SNACKT in OSTFRIESLAND

Ellert & Richter Verlag

Grußwort von Otto Waalkes

Ich bin zweisprachig aufgewachsen:
Ein bisschen Deutsch und viel Ostfriesisch wurde
in Emden-Transvaal damals gesprochen.
Damit auch heute noch Oostfreesk proot un
snackt word – dazu gibt es ein Buch wie dieses.
Deshalb kann ich nur sagen:
Lernt Friesisch mit dem Bundeskasper!
Un heel vööl Pläseer!

Die Karte zeigt in heller Farbe das politische Gebilde Ostfriesland (früher die Grafschaft, später der Regierungsbezirk Aurich, heute die Landkreise Leer, Aurich, Wittmund und die kreisfreie Stadt Emden). Hier wird „Ostfriesisches Platt" gesprochen. Das scheint zunächst einleuchtend, entspricht aber nur bedingt der Wirklichkeit, denn den politischen Grenzen entsprechen nicht genau so scharfe Sprachgrenzen. Selbstverständlich gibt es in alle Richtungen fließende Übergänge – zum Oldenburger Platt, zum Hümmlinger Platt, zum Emsländer Platt und zum Groninger Platt. Die Staatsgrenze führte dazu, dass das Groninger „Nedersaksisch" heute von der niederländischen Standardsprache „überdacht" wird, die plattdeutschen Mundarten vom Hochdeutschen. Tatsächlich aber hat das Groningische Platt mit dem westlichen Ostfriesenplatt sehr viel gemein, vor allem in der Grammatik, während das Harlinger Platt den nordniedersächsischen Mundarten näher steht. Sprachlich sind einige Unterschiede zum Platt des übrigen Ostfriesland festzustellen. So **proten** die Ostfriesen im Westen, so **praten** die Groninger und so **snackt** das Harlingerland wie all die anderen nordniedersächsischen Sprecherinnen und Sprecher von Papenburg bis Flensburg.

Der Einfluss des Oldenburgischen zeigt sich am deutlichsten bei der Flexion der Verben (Einheitsplural auf -t) und der Substantive (Umlautplural: Muus / Müüs; Boom / Bööm). Im Westen heißt es dagegen Muus / Musen und Boom / Bomen. Bei den Verben lautet der Einheitsplural -(e)n: wi gahn – im Harlingerland: wi gaht, aber es gibt auch eine Übergangsform in der Auricher Gegend: wi gahnt. Auch einige Unterschiede im Wortschatz treten auf: Der Gaarn (Garten) des Harlingerlandes steht dem Tuun im übrigen Sprachgebiet gegenüber, wie der Hümpel (Haufen) dem Bült. Siehe dazu auch die Beispielsätze in der Einleitung. Politisch wie kulturell gehört das Harlingerland aber eindeutig zu Ostfriesland.

Der Versuch des Landes Niedersachsen, die Landkreise Wittmund (Ostfriesland) und Friesland (Oldenburg) zusammenzulegen, scheiterte am Widerstand der Bevölkerung und vor Gericht.

Niederdeutsch – so snackt Ostfriesland?

Ja und nein!

Die Ostfriesen im Südwesten **proten** Platt.
Und die Harlinger im Nordosten **snackt** Platt.

So proot de Süüdwesten:

Dat Wicht un hör Vader stahn an de Dobbe un proten vandaag in de Tuun over de Bladen van de Bomen un wachten up 'n Koppke Tee.

Un so snackt se in d' Noordoosten:

De Deern un ehr Vadder staht an de Diek un snackt hüüt in de Gaarn över de Blööd vun de Bööm un töövt up'n Köppke Tee.

Und das heißt in beiden Fällen genau dasselbe: Das Mädchen und ihr Vater stehen am Teich und reden heute im Garten über die Blätter an den Bäumen und warten auf eine Tasse Tee.

Schräg durch Ostfriesland verläuft offenbar eine Sprachgrenze.
Wie bei allen Sprachgrenzen gibt es in der Regel keine klare Linie, die Übergänge sind meistens fließend. Die wesentliche Ursache ist eine geographische: Östlich von Norden schräg durch das Land bis Remels und weiter zog sich ein riesiges Moorgebiet, eigentlich nur in trockenen Sommern oder im Winter bei Frost zu überwinden. Bequemer war es, mit dem Schiff um die ostfriesische Halbinsel herumzufahren. Das Moorgebiet führte dann dazu, dass Kaiser Karl der Große, nachdem er die Sachsen und damit auch die Friesen

Auf dieser Karte des ostfriesischen Gelehrten Ubbo Emmius von 1596 ist sehr schön zu sehen, wie menschenleer die Mitte Ostfrieslands damals war.

seinem Reich 785 einverleibt hatte, den Süden und Westen Ostfrieslands dem Bistum Münster zuordnete, den Norden und Osten aber dem Bistum Bremen.

In der Folge wurde der Südwesten von irischen und angelsächsischen Mönchen christianisiert, der Osten von deutschen. Spätestens an dieser Stelle ist aber zu bemerken, dass an der gesamten südlichen Nordseeküste, also auch in Ostfriesland, nicht niederdeutsch, sondern friesisch gesprochen wurde. Und von den Missionaren im Prinzip Latein. Eine erstaunliche Leistung in der Kommunikation!

Als die Seeräuberei an der ostfriesischen Küste im 14. und 15. Jahrhundert immer stärker zunahm und den Schiffsverkehr der Hanse ernstlich bedrohte, besetzte die Stadt Hamburg im Auftrag der Hanse für längere Zeit das Land, Verwaltungssitz war Emden.

Die Sprache der Hanse war damals Niederdeutsch, heute Mittelniederdeutsch genannt. Vorbild und normsetzend war Lübeck, die Königin der Hanse. Relativ früh erkannten die führenden Emder Kaufleute und Politiker – und im Laufe der Zeit auch die anderen – dass Friesisch „out" war, Niederdeutsch dagegen die Sprache der Zukunft. Wer mit auswärtigen Menschen und Mächten zu tun hatte, sprach jetzt neben Friesisch auch Niederdeutsch. Dort, wo man weitgehend unter sich blieb, dauerte der Sprachwandel bis in den Anfang des 20. Jahrhunderts. Auf Wangerooge starb erst da die friesische Sprache aus. Und im Saterland, einer Insel im Moor, sprechen noch heute 2000 Menschen friesisch.

Die Gelehrten- und Kirchensprache war natürlich auch in Ostfriesland Latein. Mit der Reformation und Luthers gelungener Bibelübersetzung spielte dann die Volkssprache eine immer größere Rolle. Dabei sei angemerkt, dass die erste vollständige Bibelübersetzung in Deutschland die niederdeutsche Lübecker Bibel von Bugenhagen 1534 war!

Aber durch die politischen Umstände begünstigt oder fast unvermeidbar wurde der lutherische Osten der Halbinsel Ostfriesland von der hochdeutschen (Kirchen-) Sprache übernommen, der reformierte Westen wurde Niederländisch geprägt.

Die Sprache des Volkes aber blieb mindestens bis nach dem Zweiten Weltkrieg ganz überwiegend niederdeutsch. und nach einem erheblichen und staatlicherseits geförderten Rückgang bis weit in die 1960er Jahre erlebt das Plattdeutsche in Ostfriesland viel Förderung und erfreut sich großer Beliebtheit.

Plattdeutsch – Sprache oder Dialekt?

➤ Dazu mehr im hinteren Teil des Buches (siehe S. 200ff.).

VON A BIS Z

So snackt un proot Oostfreesland

-a, -ena, -enga, -inga, -unga Diese Endungen am Familiennamen zeigen die Abstammung an: Habbena, Rykena, Mennenga, Poppinga, Boyunga … abgeleitet von den Vornamen Habbo, Ryko, Menno, Poppo, Boye. Alles alte Vornamen. Dabei liegt der Akzent auf der ersten Silbe, also Nánninga!

Aa, Ee, Ehe Ein Wasserlauf, so die *Aa* im Rheiderland, die *Westerwoldse Aa* als Grenzfluss zwischen Deutschland und den Niederlanden, die *Wichter Ee* (➤ Seegatt zwischen Norderney und Baltrum), die *Accumer Ee* (Seegatt zwischen den Inseln Baltrum und Langeoog), die *Ehe* bei Aurich. Auch das *Aland* bei Wirdum hat seinen Namen vom Wasser: (früher) vom Wasser umschlossenes Land. Genauso kommt das Wort *Eiland* für Insel von der *Aa* oder *Ehe* her.

Aal Der Aal heißt auch auf Plattdeutsch Aal. seit jeher wurde er als geheimnisvolles Tier angesehen, so rätselte man lange Zeit, ob man ihn zu den Fischen, Amphibien oder Reptilien rechnen sollte. Auch seine Fortpflanzung gab viele Rätsel auf. Erst 1922 entdeckte man die Laichplätze im Sargassomeer. Seine schlangenartige Fortbewegung, seine glatte, schleimige Haut und der schwierige Fang haben zu einer ganzen Reihe von Sprichwörtern geführt: *Man kann heel neet weten, wor de Aal löppt, see de Buur. Do settde he de Fuuk up 't Dack. Do floog d'r en Stoorke over 't Dack un leet 'n Aal in de Fuuk fallen.* Man kann überhaupt nicht wissen, wo der Aal läuft, sagte der Bauer. Da setzte er ein Stellnetz auf das Dach. Dann flog ein Storch über's Dach und ließ einen Aal in das Netz fallen. *Man mutt neet ehrder van Aal ropen, as bit man hum in de Körv / in de Pann hett.* Man sollte nicht eher „Aal" rufen, bis man ihn im Korb / in der Pfanne hat. Denn: Der Aal entwischt leicht. Manche Chance auch.

Aantensnabel *He hett van de Aantensnabel freten* (hat vom Entenschnabel gegessen) = ist sehr gesprächig.

Aap *Beter 'n Aap as 'n Schaap*. Sprichwort mit der Bedeutung: Besser etwas nachmachen können als gar nichts können.

Abdrift Als Abdrift bezeichnet man das seitliche Versetzen von Wasser- oder Luftfahrzeugen, also eine Abweichung vom angestrebten Kurs nach ➤ *Lee*. Sie umfasst immer den Einfluss des Windes, in der Seefahrt auch der Strömung, wobei man dieses Abtreiben zur Seite hin besser Stromversetzung nennt.

acht is mehr as dusend 8 ist mehr als 1000: ein Wortspiel = Acht(samkeit) ist oftmals mehr wert als schnelles Geld.

achtuntachentig oder sogar *tachentachentig*: 88. Warum vor „achtzig" ein t steht, ist selbst unter den Gelehrten strittig. Gehört aber dahin.

Acht Die Acht (8) ist die natürliche Zahl zwischen 7 und 9. So in *Wikipedia* nachzulesen. Wer hätte das gedacht? Man kann auch eine Acht im Rad eines Fahrrads haben. An dieser Stelle geht es natürlich um etwas ganz Anderes! Eine Acht ist ein Verband, eine Genossenschaft. Wir haben in Ostfriesland ➤ *Deichachten*, Sielachten, Poolachten und etwas Besonderes: Die ➤ *Theelacht*.

Achtern, de Achterste Achtern ist hinten. Seemannssprache. Und der Achtersteven ist natürlich auch hinten, beim Schiff wie beim Menschen, hier natürlich scherzhaft. De Achterste ist auch ein brauchbares Wort, genau wie Aars, Mors oder Maars, Neers (gilt als feiner!!), Achterdeel, Achterenn, Achterkastell, Achterpoort. Wenn

Kinder im Freien ihre Notdurft verrichten und die Hose herunterlassen, heißt es: *De Maan geiht up*. (Der Mond geht auf.) Und *Kinner mit 'n Willen* (eigensinnige) / *kriegen wat vör de Billen* (Hinterbacken).

Ackermanntje Dieser Vogel heißt auch *Quicksteert* und *Wippsteert*, die Bachstelze.

akkraat Akkurat so heißt dies Wort: akkurat, genau, ordentlich, sorgfältig. Man kann es noch steigern: *Nettakkraat* = gerade, soeben. *Ik hebb nettakkraat an di docht* – an dich gedacht.

al, alle Zwei kleine Wörter, die es in sich haben. „*al*" – gesprochen [all] heißt „schon", kennt man vielleicht aus dem Märchen vom „Swienegel un de Haas" , dem Wettrennen auf der Buxtehuder Heide. Da rufen der Igel und seine Frau abwechselnd: „Ik bün al dor!" – bis der Hase tot zusammenbricht. „*all*" – gesprochen [arl] dagegen heißt „alle". „'t is all up Stee!", sagt der Ostfriese, es ist alles in Ordnung. „all" kann aber auch „aufgegessen, ausgetrunken" heißen, wie im Hochdeutschen: Die Suppe, der Tee ist alle. Und so lässt sich folgender Satz bauen: „*De* ➤ *Kookjes sünd al all all*." Die Kekse sind schon alle alle. Wir sagen auch: „*De sünd al all up*".

Adebaar *Ojevaar, Störk, Stürk, Stoork* ist der Storch. *De Adebaars nöögt, mutt Poggen weten*: Wer Störche einlädt, muss wissen, wo er Frösche her bekommt.

All up Stee, all in Riege „alles auf der (richtigen) Stelle, alles an seinem Platz; alles in der (richtigen) Reihe(nfolge): Alles in Ordnung!

Amerika ist mit dem Fahrrad bequem von Russland aus zu erreichen. Der Ort liegt in der Gemeinde Friedeburg im Landkreis Wittmund, nicht weit entfernt von *Russland*. Ob Russland nach dem bekannten Staat benannt wurde, ist sehr unsicher. Der Name könnte von den ersten Bewohnern stammen, die Köhler (Rußmeister oder „Russen") gewesen sein sollen, oder der Name ist abgeleitet von Ruschenland. (*Ruschen, Rüschen,* ➤ *Rüsken* sind Binsen.)

antern sagt man im Harlingerland für „antworten". Weiter im Westen sagt man „antwoorden".

Apenspill „Affentheater", Narretei. Pldt. auch: 'n tierig Gedoo.

Apensteertje – Affenschwanz nennt man in Groningen das @-Zeichen. Einmal gehört, einmal gesehen: Klar doch! – „Wie ist deine Mail-Adresse?" „Jannapunktmüllerättabcpunktde" – „Wie war das, nach Müller?" – „Müller Apensteertje abc Punkt de." – „Alles klar!"

Apfelsorten aus Ostfriesland – Oostfreeske Appels Die ersten Apfelbäume tauchten in Ostfriesland im frühen Mittelalter auf und wurden über die Klöster verbreitet. Der *Borsdorfer* ist die erste Apfelsorte, die in Deutschland und Europa dokumentiert ist. Er ist eine Entdeckung der Zisterzienser, die von 1228 bis 1529 das Kloster Ihlow betrieben. Vielleicht ist auch der *Streifenapfel Kloster Ihlow* ihre Entdeckung. Um 1880 waren weltweit viele tausend Apfelsorten in Kultur. Heute gibt es in Deutschland ungefähr 1500 Sorten, von denen aber nur 60 wirtschaftlich von Bedeutung sind. In den Supermärkten schrumpft das Angebot sogar auf 5–6 Sorten zusammen.

Nicht ganz so ebenmäßig wie Supermarktäpfel, aber unschlagbar im Geschmack: alte Sorten. Genau wie der „Emder Saft", der daraus gemacht wird.

Inzwischen gibt es, seit den 1990-er Jahren, eine Gegenbewegung. NABU, BUND, Verein Appelhoff, Ökowerk Emden, die Jägerschaft, Kommunen und Privatleute sorgten dafür, dass in Ostfriesland in den letzten Jahren mehr als 5000 Obstbäume gepflanzt wurden. Das Ökowerk Emden hat sogar mit dem *Pomarium Frisiae*, dem ➤ *Appeltuun*, einen Garten mit über 700 verschiedenen Sorten aufgebaut.

Da es in früheren Zeiten weder Kunstdünger noch Spritzmittel gegen Schädlinge gab, verwendete man nur Sorten, die sich bei den regionalen Klima- und Bodenbedingungen bewährt und sich gegenüber Krankheiten und Schädlingen als robust herausgestellt hatten. So entstand eine große Sortenvielfalt mit unterschiedlichen Vorzügen. In Ostfriesland entwickelten sich zum Beispiel der Bagbander Slientje, der Bohlenapfel, Brons' Spende, weiterhin Eilties Wiensuurn (Weinsaurer) aus Werdum, Friedericis Bananenapfel, Heinricis Friesenapfel aus Bad Zwischenahn, leicht mit dem Finkenwerder Prinzen zu verwechseln, der Himbeerapfel aus Backemoor, der Jeverländer Gelbe Osterapfel (pflücken im Oktober, essen im Februar / März / April), der Ostfriesische Herbstkalvill, der Streifenapfel vom Kloster Ihlow, von einem sehr alten Baum am Forsthaus der Klosterstätte Ihlow stammend, wohlschmeckend.

Appeltuun – Apfelgarten – Pomarium Frisiae *Hier kannst du wat gewahr worden.* – Hier kannst du etwas dazulernen / dich informieren: Die größte Sortensammlung Ostfrieslands befindet sich im Ökowerk Emden.
Über die sagenumwobene Seidenstraße verbreitete sich der Apfel in der Antike von seiner ursprünglichen Heimat in Zentralasien bis nach Griechenland und ins Römische Reich. Die Römer brachten den Apfel dann nach Germanien. Das „Pomarium Frisiae", also der *Friesische Obstgarten*, erinnert mit seinem lateinischen Namen an diese Herkunft.

Äquator von Ostfriesland Der Ostfriesland-Wanderweg ist mit einer Länge von rund 97 Kilometern der längste und älteste Wanderweg Ostfrieslands. Der Schwierigkeitsgrad des Weges ist leicht, da kaum Steigungen zu bewältigen sind. Insgesamt überwinden Wanderer auf der angelegten Strecke einen Höhenunterschied von zwölf Metern.
Der Wanderweg verläuft vom Zentrum Rhauderfehns über Ihrhove nach Leer. Von dort geht es über Hesel, Großefehn und Aurich über Esens bis in das unmittelbar an der Küste gelegene Bensersiel. Die Wanderer durchqueren auf der alten Kleinbahntrasse alle Landschaftsformen des ostfriesischen Festlandes, also die Emsmarsch, die angrenzenden Hochmoore, die Geest mit ihren Wäldern und Wallhecken sowie die Seemarschen an der

Seit 50 Jahren amtlich: der Ostfriesland-Äquator

Nordsee. Wer auf dem Ostfriesland-Wanderweg unterwegs ist, überquert zwischen Sandhorst und Plaggenburg den „*Ostfriesland-Äquator*". Ein hölzerner Torbogen und eine in das Pflaster eingelassene Leiste aus Metall, ähnlich wie die am Nullmeridian im Londoner Stadtteil Greenwich, weisen darauf hin. Der „Ostfriesland-Äquator" wurde 1974 durch das Katasteramt Aurich ermittelt, zur Freude vor allem der Touristen.

arig bedeutet „seltsam, wunderlich, merkwürdig".

Arigheid, Aardigheid *Dat was / weer di 'n Arigheid!* = Das war ein Spaß, ein Vergnügen.

asig bedeutet „faulig, stinkend" (natürlich von Aas), dann auch „niederträchig, gemein." Als Adverb gebraucht: „unmäßig, sehr": *De ➤ Kuus deit asig sehr.* = Der Zahn tut sehr weh.

Baas erinnert ja schon ziemlich an den „Boss“, und genauso verhält es sich. Der Baas ist der Herr, der Chef, der Anführer, der Meister.

Bahntje Das plattdeutsche Wort bedeutet „Posten“ oder „Laufbahn“. „*En* ➤ *mooi Bahntje*“ meint also eine einträgliche oder auch stressarme Anstellung. Man kann „*en Bahntje bi de Post*“ haben oder auch „*en Postje bi de Bahn*“.

Bangbüx Keine „ängstliche Hose“, sondern ein Angsthase.

bannig (vor allem im Harlingerland gebraucht) gewaltig, kräftig, stark; sehr, außerordentlich: *He is bannig groot.*

Bant Das Wattenmeer ist in ständigem Wandel begriffen. So lag da, wo heute die Osterems in die Nordsee fließt, um 800 eine etwa 45 Kilometer lange und 25 Kilometer breite Insel namens Bant, von der nur noch eine Sandbank geblieben ist. Zwischen 1200 und 1600 wurde auf der Insel aus Seetorf Salz gewonnen. Dieser Torf enthält etwa 2,3 Prozent Salz, so dass aus einem Kubikmeter Seetorf 23 Kilogramm Kochsalz gewonnen werden konnten. Der Torf wurde gegraben, im Wind getrocknet und verbrannt. Durch Auslaugen der Asche und Eindampfen der Lösung erhielt man dann das etwas bittere „friesische Salz“, das immerhin bis Riga und Nowgorod gehandelt wurde. Wahrscheinlich ist die Zerstörung der Insel Bant mit auf den Abbau des Torfes zurückzuführen. Mehrere 100 Quadratkilometer Inselfläche wurden im Mittelalter ein bis zwei Meter tief abgegraben, dadurch war die Insel den Sturmfluten ausgeliefert.

Die älteste Erwähnung der Insel findet sich in der Lebensbeschreibung des heiligen Liudger, der Ende des 8. Jahrhunderts das westliche Ostfriesland bereiste. Adam von Bremen hat noch für das Jahr 1000 einen Zusammenhang der Inseln bestätigt, während 1398 die Namen Borkum, Juist und Osterende (später ein Teil des noch nicht existierenden Norderney) als Namen von getrennten Eilanden genannt werden. Um etwa 1750 enden die geschichtlichen Nachrichten über Bant.

Boom – Baum Normalerweise stehen ja Bäume ziemlich senkrecht. Nicht so in Ostfriesland. Hier stehen Bäume zum Teil sehr geneigt, die sogenannten ➤ *Windloper*. Und auf Segelschiffen sind die Bäume waagerecht angebracht, an der Unterseite der Segel. Und bei Gaffelsegeln auch oben: der Gaffelbaum. Und Bäume, die im Wattenmeer stehen, die werden ➤ *Pricken* genannt und bezeichnen das Fahrwasser.

Beck *Holl dien Beck!* Halte deinen Mund / die Schnauze. *Du kannst futt een an d' Beck kriegen.* Du kannst gleich einen Schlag ins Gesicht / aufs Maul bekommen.

benaut ängstlich, verlegen; beklommen, bedrückt: *Se was heel benaut* = Sie wirkte sehr bedrückt.

Benautheid Angst, Beklemmung: *'n Katt, de in Benautheid sitt, maakt rare Sprangen* = Eine Katze, die Angst hat, macht seltsame Sprünge. Siehe auch ➤ *Naute.*

Bernie ist der Kosename des Mannes von Bernuthsfeld, einer aus dem späten 7. oder frühen 8. Jahrhundert stammenden Moorleiche, die im Jahre 1907 im Moor bei Tannenhausen im Landkreis Aurich gefunden wurde. Eine Besonderheit bei diesem Fund ist die außerordentlich gut erhaltene Bekleidung des Mannes, man könnte den Stoff teilweise als

Die Bekleidung von Bernie, der Moorleiche: Nicht mehr in bestem Zustand. Wen wundert's. Aber von erkennbar hoher Qualität.

frühen *Tweed* bezeichnen. Gefunden wurde die Leiche von zwei Brüdern aus Bernuthsfeld am 24. Mai 1907 beim Torfstechen. Aus Furcht, in einen Mordfall verwickelt zu werden, vergruben sie die Leiche wieder. Doch die Nachricht über den Fund der beiden Jugendlichen gelangte zu einem Polizisten. Der ließ sich die Bestattungsstelle zeigen. Da die Bekleidung der Leiche nicht zeitgemäß erschien, lag die Vermutung nahe, dass es sich nicht um einen aktuellen Fall handele. Daraufhin wurde das Auricher Staatsarchiv hinzugezogen. Der Fund wurde eingehend untersucht, und neben dem Skelett wurden noch weitere Haare, Kleidungsteile und eine Messerscheide geborgen. Das von einem Amtsarzt rekonstruierte Skelett mit den Beifunden wurde der *Gesellschaft für bildende Kunst und vaterländische Altertümer* in Emden übergeben und liegt im Ostfriesischen Landesmuseum im alten Emder Rathaus.

Besan (Betonung: Besán) Der Besan ist ein Segel in Längsschiffsrichtung an dem hinteren Mast vieler Segelschiffe. Das Besansegel ist in der Regel ein ➛ *Gaffelsegel*. Das Besansegel wird als letztes Segel nach dem Segelsetzen oder nach einem Kurswechsel getrimmt (eingestellt).

Bessensmieten – Struukbessensmieten Das (Strauch-) Besenwerfen (Struuk-Bessensmieten) ist eine sportliche Spaßveranstaltung oder eine lustige Sportveranstaltung von Nachbarn, Freunden, Firmen, Vereinen oder Feriengästen. Ziel des Spiels ist es, den Kopf eines Reisigbesens (also einen Reisigbesen ohne Stiel) so weit wie möglich zu werfen. Es gibt keine festgelegte Wurftechnik, über die Regeln einigt man sich.

bitte „Gib mir doch bitte …" ist irgendwie unostfriesisch: „*Geev mi bidde …*", würde ein braver Plattdeutschsprecher niemals sagen. „bitte" in diesem Sinne gibt es nicht. „*Doo mi even de Botter*", – gib mir eben die Butter – das ist richtig. „*Wees so good un doo dat!*" – Sei so gut und tu das! „*Koom ins even her!* – höflicher Fast-Befehl: Komm mal eben her! Oder „Bitte, stelle mir deine Gäste vor!" – „*Du musst mi dien Gasten even benömen* (mit Namen nennen), *ik weet neet, wo se all heten.*" Bitte zu Tisch: „*Eten steiht up Tafel!*" Bitte, fassen Sie zu: „*Nu man driest, packt to, 't is Jo geern günnt, nöögt word neet*!" – Nun aber ohne Scheu, greift zu, es ist euch / Ihnen gern gegönnt, aufgefordert wird nicht. Schließlich: „Bitte einen Schnaps!" – „*Sall ik 'n Sööpke hebben?*" Wenn Sie Glück haben, werden Sie ja auch mal zum Tee eingeladen: „*Mag ik Jo to 'n Koppke Tee nögen?*" – Antwort A: „*Leep geern*!" (leep = sehr) Antwort B: „*So geern as ik ok wull, ik kann neet komen*!"

Blaudruck – Blaufarven „*Se kann hexen un blaufarven.*" – ➤ *Hexen un blaufarven* – wo ist denn da der Zusammenhang? Beim Blaufärben erlebt man *das blaue Wunder*! Und so wird gefärbt, hier nach einem alten Rezept von 1760: Zunächst bestreicht der Drucker die Models mit einer grünen Paste, die in der Fachsprache „Reserve" und von Handwerkern „*Papp*" genannt wird.

Und es geht weiter! 2021 übergibt der alte Blaudrucker Georg Stark seine Werkstatt an seine Nachfolgerin Sabrina Schuhmacher.

Dann bringt er sie als Muster auf den weißen Stoff auf, indem er den Druckstock auf die entsprechende Stelle legt und ihn leicht anschlägt. Die so präparierten Stoffe werden ein paar Tage getrocknet. Für den Färbevorgang versetzt er einen drei Meter tiefen und mit Wasser gefüllten Bottich mit einer Indigo-Lösung. Oberhalb des Bottichs befindet sich ein Kronreifen, der heb- und senkbar ist. Hieran befestigt er den Stoff, bevor er in das Indigo-Bad getaucht wird. Und dann heißt es: „Warte, du wirst *dein blaues Wunder* erleben". Die legendäre Redewendung hat in diesem Prozess ihren Ursprung. Im Indigobad „ziehen" gelbe Moleküle „auf den Stoff". Sobald dieser das Bad verlässt, reagieren sie mit dem Sauerstoff und verfärben sich dadurch grün und später blau. Große Stoffe kleben aneinander, so dass die einzelnen Bahnen mit Stöcken auseinander, und damit „grün und blau geschlagen" wurden. Blaudruck in Deutschland ist Immaterielles Kulturerbe der UNESCO. In jedem Fall ist die Blaufärberei in Jever eine Reise wert. Die Blaudruckerei im ➤ *Kattrepel* – www.blaudruckerei.de

Blixem Das ist zunächst einfach der Blitz: *Dat geiht as de Blixem* – das flutscht nur so. *Dat löppt as de Blixem* – das läuft wie geschmiert. Daneben aber ist *Blixem!* auch ein verbreiteter Fluch. Er kann noch angereichert werden, zum Beispiel: „*Satan! Düvel! Blixem*!" Vor allem in vergangenen Zeiten scheuten die Menschen, den Namen des Teufels auszusprechen. Das Adjektiv oder Adverb „*blixems!*" bedeutet „verdammt, verflucht, verteufelt, entsetzlich". *De blixemse Jung*!

Bockwindmöhlen – Bockwindmühle Sie ist ein Typus der Windmühle, bei der das ganze Mühlenhaus gedreht wird, während bei der Holländerwindmühle nur der oberste Teil, also die Kappe mit den Flügeln drehbar ist. Die Bockwindmühle heißt auch *düütske Möhlen* oder *Stännermöhlen*, Ständermühle, weil der Mühlenkasten auf einem 50 oder mehr Zentimeter dicken Hauptbalken, dem *König* ruht, der von einer etwa zwei Meter hohen Basis, dem *Buck* oder *Stänner* gehalten wird. Ein Besuch der einzigen Bockwindmühle Ostfrieslands in Dornum, die wohl 1626 errichtet und in Betrieb genommen wurde und als älteste Windmühle des Landes gilt, ist sehr empfehlenswert.

Bockwindmühle in Dornum:
Das graue Mühlenhaus ist drehbar, der rote Schuppen verbirgt den König und den Bock.

Bohlenweg Der sogenannte Bohlenweg im Meerhusener Moor ist ein vor- und frühgeschichtlicher Knüppeldamm. Er gilt als eine der ältesten befestigten Straßen auf dem Gebiet Deutschlands. Der Bohlenweg führte vom Rand der Auricher Geest in der Nähe des Großsteingrabes von Tannenhausen über das Meerhusener Moor und endete nördlich des Ewigen Meeres an einer Stelle, an der wieder die Sandböden der Geest erreicht wurden. Der Weg ist mindestens 2,5 Kilometer lang. Für den Bau wurden etwa 26.000 Erlen verwendet. In der Breite maß er maximal vier Meter, durchschnittlich jedoch eher drei Meter. Diese war nötig, weil er von Wagen mit starrer Achse befahren wurde, die auf engeren Spurbreiten nicht manövrieren konnten. Im Verlauf der Straße wurden ➤ *Kolke* und Senken mit Strauchwerk ausgefüllt. Anschließend wurden je zwei lange Baumstämme als Träger in Fahrbahnrichtung parallel auf dem Moor ausgelegt. Diese wurden dann mit gespaltenen Stämmen von Birke, Eiche und Erle quer miteinander verbunden.Der Weg wurde nur rund 30 Jahre genutzt. Anschließend wurde er vom Moor überwuchert und erhielt sich so bis in die heutige Zeit. Im Jahre 1984 wurden 296 Meter des Bohlenweges ausgegraben. Entdeckt wurden dabei viele zerbrochene Räder, etwa zwölf Achsen und mehrere Deichseln. Die ältesten Wagenreste, die bislang in Deutschland gefunden wurden.

Bohntjes – Bohnen Bohnen gehören zu den beliebten Nahrungsmitteln in Ostfriesland. *Gröön Bohnen* sind Grüne Bohnen, eine Beilage zu vielen Fleischgerichten, aber auch zu Matjes; *Updröögt Bohnen* sind auf einem Band aufgereihte getrocknete weichschalige Bohnen. Bei Bedarf nimmt man die entsprechende Menge Bohnen herunter, weicht sie ein und kocht sie dann mit Wurst und Speck. Sehr lecker und sehr nahrhaft. *Insett Bohnen* sind geschnittene und in Salz eingelegte Bohnen, in einem großen Gefäß aus Steingut, dem ➤ *Püllpott*. Die Bohnen müssen vor dem Kochen gewässert werden. *Groot Bohnen* werden in Ostfriesland auch geschätzt, mehr als woanders, wo sie als Pferdebohnen missachtet werden. Und dann gibt es noch die *Sienbohnen*, hochdeutsch Rosinen. Damit wird zu bestimmten Gelegenheiten eine Art kalter Suppe zubereitet, die ➤ *Sienbohnsopp*. Ausgesprochen lecker, aber nicht ohne! Rezepte gibt es in vielen Familien und schönen Kochbüchern.

Bohntjeband Ein etwas zarteres Band als Paketband. Woanders wird es auch Wurstband genannt. Auf dem Bohntjeband werden die Bohnen zum Trocknen aufgefädelt und unter die Decke gehängt. So hingen in der Küche früher hübsche Girlanden,

Boje Bojen werden zum Festmachen von Wasserfahrzeugen, als Markierungszeichen für die Lage von Ankern, als Signalbojen für Taucher oder als Markierung für Fischernetze verwendet.

Boogmaken – Bogenmachen Es ist eine schöne Sitte, für die neuen Nachbarn einen Bogen zu machen. Dazu wird ein Lattengestell mit Tannengrün geschmückt, und von den Nachbarinnen mit Blumen geschmückt. Das geschieht – heutzutage meist mit Vorwarnung – am Vorabend des Einzugs, der Hochzeit oder einer anderen Feierlichkeit. Es gibt dann in der Regel nur einen Schnaps / en ➤ *Sööpke*, und größer gefeiert wird bei der Abnahme des Bogens, zwei, drei Wochen später.

Bookweit – Buchweizen ist kein Getreide, sondern ein Knöterichgewächs. Buchweizen ergibt ein leicht herbes Mehl. In früheren Zeiten aßen die Ostfriesen *Bookweitenschubbers,* das sind Buchweizenpfannkuchen mit Sirup. Da der Buchweizen ziemlich anspruchslos ist, wurde er vor allem auf Moorböden angebaut. Die sogenannte *Moorbrandkultur* funktionierte so, dass in die abgebrannte obere, noch warme Torfschicht der Buchweizen eingesät wurde. Wenn es danach keine Nachtfröste gab, konnte es eine einigermaßen gute Ernte geben. Aber nur wenige Jahre, dann war der Boden ausgelaugt.

Für die meisten ein seltener Anblick: blühender Buchweizen

Boßeln, Klootscheten In unterschiedlichen Formen ist Boßeln in vielen Teilen Europas bekannt. Hochburgen sind Ostfriesland, Teile des Oldenburger Landes, die schleswig-holsteinischen Landesteile Dithmarschen und Nordfriesland, die Provinzen Gelderland und Drenthe in den Niederlanden sowie Irland. Bekannt ist das Spiel auch in weiteren Teilen Norddeutschlands, ebenfalls in Spanien, Italien, Kanada und den Vereinigten Staaten, und als „Krugeln“ im Schweizer Kanton Bern. In Ostfriesland und Oldenburg wird zwischen dem

Hier unterm Deich ist kaum Verkehr, geboßelt wird aber auch auf Landes- und Kreisstraßen. Man nimmt aufeinander Rücksicht.

ursprünglichen *Klootschießen*, das auf dem Feld ausgetragen wird, und dem *Straßenboßeln* unterschieden. Dabei wird auch mit unterschiedlichen Kugeln (➤ *Kloten*) geworfen. Beim Straßenboßeln spielen zwei Mannschaften gegeneinander. Abwechselnd wird der Kloot geworfen, eher gerollt. Es geht nebeneinander her die Straße entlang. Wenn eine Mannschaft einen ganzen Wurf an der anderen vorbeigezogen ist, setzt der nächste Spieler der führenden Mannschaft aus, so dass immer etwa auf gleicher Höhe gespielt wird. Die führende Mannschaft hat jetzt einen Punkt erworben, einen „*Schööt*". Und es gibt für alle ein ➤ *Sööpke,* einen Schnaps. Den gibt es auch, wenn man versehentlich die liegende Kugel der gegnerischen Mannschaft trifft oder der Kloot im Straßengraben landet. Beim Boßeln ist eine gute Kondition keineswegs von Nachteil.

Botter, Brood un Kees Vom Großsteingrab in Tannenhausen sind heute nur noch zwei Decksteine und ein Tragstein erhalten. Diese erhaltenen Steine gehören zur westlichen Kammer und heißen im Volksmund *Botter, Brood un Kees.* Bei den Ausgrabungen Anfang der 1960-er Jahre konnten die Standgruben der fehlenden Tragsteine nachgewiesen werden. Zudem stellte sich heraus, dass daneben ein zweites Grab gestanden hat. Beide Grabkammern besaßen an ihrer Südseite einen Zugang. Die Westkammer war etwa zwölf Meter lang, gut zwei Meter breit und anderthalb Meter hoch. Sie bestand aus etwa 20 großen Findlingen. Die Ostkammer war etwa elf Meter lang und fast drei Meter breit. Das Dach der Kammern wurde vermutlich aus fünf oder sechs großen Decksteinen gebildet. Bedeckt wurden beide Grabkammern von ovalen Hügeln. Die meisten dieser Grabanlagen wurden wohl im Zuge der Christianisierung zerstört. Das Großsteingrab von Tannenhausen ist ein Ganggrab aus der Spätzeit der Trichterbecherkultur, der ersten bäuerlich geprägten Kultur im nördlichen Mitteleuropa und dürfte um circa 3500 v. Chr. entstanden sein.

Brägen – Bregen De *Brägen* oder *Bregen* ist das Gehirn – offensichtlich verwandt mit engl. *brain*. Der *Mallbregen* ist entweder der oder die Verrückte, oder ein Narr / eine Spaßmacherin. Den Schädel nennt man in diesem Zusammenhang auch wohl de *Bregenkamer / Brägenkamer, de Bregenkast / Brägenkast.* Daneben heißen der Raubwürger (ein Vogel) oder ein anderer Vogel, der Neuntöter, auch *Bregenbieter.* Ist jemand verwirrt, durcheinander, dann ist er / sie *brägenklöterg* oder *bregenklöterig*. Damit diese Verhaltensweise vermieden wird, ist seit BSE der Verzehr von echter *Brägenwurst* verboten.

Buhne So nennt man einen Wall aus Steinen oder auch einen Zaun aus Reisigbündeln, der senkrecht vom Ufer ins Watt vorstößt und das auflaufende Wasser beruhigt und so zur Landgewinnung beiträgt. In der Ems gilt das umgekehrte Prinzip: Dort verengen die Buhnen das Bett der Ems und sorgen so für tieferes Wasser in der Fahrrinne.

Buise Seit dem Mittelalter war die deutsche ➤ *Heringsfischerei* vor allem eine Küstenfischerei. Eine erste küstenferne Fischerei mit *Buisen* (seetüchtigen Fangschiffen) wurde um 1550 von Holländern in Emden betrieben, die aus den Niederlanden emigriert waren. Nachdem der König von Preußen 1744 auch Graf von Ostfriesland geworden war – und Emden gewissermaßen preußisch – wurde 1769 eine Emder *Herings-Compagnie* gegründet. Die Flotte wuchs bald auf 55 Buisen an. Die Fischerei kam allerdings durch die napoleonischen Kriege und die Kontinentalsperre weitgehend zum Erliegen und erholte sich auch hinterher kaum noch. Die letzten Buisen aus Emden wurden 1858 verkauft.

Die niederländischen Häfen rund um die Zuiderzee waren führend beim Heringsfang. Diese schöne Stadtansicht von Delft von 1660/1671 malte Jan Vermeer. Rechts im Bild eine Buise

Bulloog – Bullauge 1. ein rundes Fenster im Schiffsrumpf; 2. kleine runde Fenster in Sichthöhe im Chormauerwerk einer Kirche. Nach alter Überlieferung sollten in vorreformatorischer Zeit durch diese Fenster die Pestkranken, die am Gottesdienst nicht teilnehmen durften, die heilige Handlung der Wandlung mit ansehen und miterleben dürfen. Neben *Bulloog* existiert auch das Wort ➤ *Kiekgatt* (Guckloch).

Bullerbaas, Bullerjan Ein aufbrausender Mensch, ein Raubein, ein Polterer, eben einer, der *bullert*. Merkwürdig: Das beruhigende Kraut Baldrian heißt ostfriesisch *Bullerjann*, auch *Ballerjann* und *Kattenkruud*.

Busebeller Der Busebeller ist ein Kinderschreck. Er wohnt im dunklen Keller oder an anderen unheimlichen Orten. Man warnt die Kleinen, wenn sie nicht brav seien oder sich an verbotene Plätze begäben, dann komme der Busebeller. *„Pass blot up, anners kummt de Busebeller!“* Ähnlich der ➤ *Watermann*, der Wassermann. Der lebt am ➤ *Siel* oder unten im Brunnen. Und wenn das Kind nicht aufpasst … schwupp sitzt es selber auch da unten und muss im kalten Wasser mit den glibberigen Kindern des Watermanns spielen.

Buseruuntje Früher ein gängiger Name für das blaue Fischerhemd mit weißen Streifen aus festem Stoff, das über der Kleidung getragen wurde. Vom Arbeitshemd hat es sich zum Touristenartikel hochgearbeitet. Ob die erste Worthälfte *Buse-* mit *busen = bauschen* zusammenhängt oder mit niederländisch *buis = kurzes, weites Gewand* oder mit unserem ostfriesischen *Büüs = Tasche, Beutel* … keiner kann das sagen. Die zweite Hälfte *-ruuntje* dagegen ist klar zu definieren: Da ist etwas abgeschnitten, wie beim T-Shirt, gleichfalls ohne Kragen, deshalb auch als *Ruuntje* bekannt. Und auch ein Wallach ist ein *Ruun*.

Buskohl – Buuskohl Das ist der weiße Kopfkohl. Das Wort ist ebenso wie der niederländische *buiskool* aus *kabuiskool* durch Abwerfen der Vorsilbe „ka“ aus *kabuuskool* entstanden. Und dieses *kabuus, kabuis* wiederum ist eine Entlehnung aus dem Französischen *„cabus“.* Das geht wie das italienische *capuzzo*, das englische *cabbage*, das russische *kapusta* und das westdeutsche *Kappes* auf das lateinische *caput* = Kopf zurück. Wirklich erfreulich für unsere Gäste aus Nordrhein-Westfalen, dass ihr *Kappes* hier einen Vetter wohnen hat. *Buskohl* ist dann aber auch noch der Familienname eines ostfriesischen Musikers, der seinen Namen allerdings in seiner Jugend in „Carlton“ änderte: *Carl Carlton*, ein deutscher Rockmusiker, Komponist und Musikproduzent, der in international führenden Bands gespielt und mit weltweit bekannten Musikern zusammengearbeitet hat. Mit seiner eigenen Band *Carl Carlton & the Songdogs* hat er bisher vier Alben veröffentlicht. Auch sein Sohn Max ist Musiker. Er nennt sich wieder *Buskohl*. Die Zeiten ändern sich ...

Butt Der Butt ist ein Schollenfisch. (Pleuronectus flesus). Er wird mit der ➤ *Kurre* gefischt, einem Grundschleppnetz: Eine metallene Stange wird über den

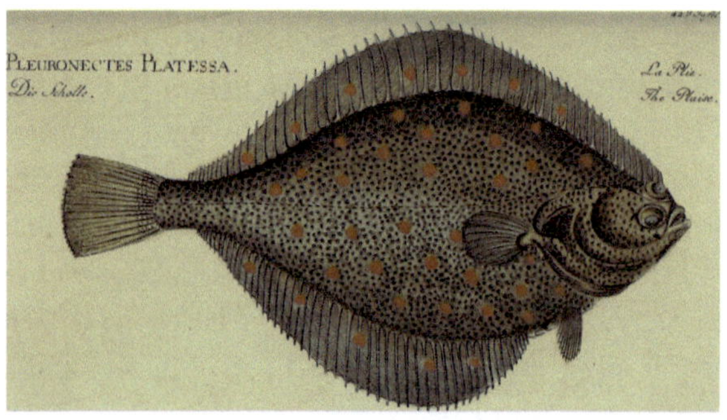

Der eigentliche Butt, die Flunder und die Scholle, auch Goldbutt genannt, gehören zu verschiedenen Familien. Hier ein Goldbutt, erkennbar an den goldenen Punkten.

Meeresboden gezogen, so dass die dort liegenden Fische aufspringen und möglichst ins Netz hüpfen. Man kann den Butt auch einfach mit einem eisernen Kamm an einer langen Stange – *pricken*, also „aufgabeln". Merksatz: *Daar gahn wi grote Fisken mitnanner hen, see de Grenaat tegen de Butt, do trucken se mitnanner dör de See.* (Da ziehen wir großen Fische zusammen dahin, sagte der Granat (➤ *Granaat*, oder auch *Krabbe* genannt) zum Butt, so zogen sie miteinander durch die See.)

Butzen – Bett In Heimatmuseen sieht man sie noch, die Wandbetten oder *Butzen*. In den engen Häusern früherer Tage waren die Butzen tagsüber geschlossen und abends wurden die Türen geöffnet, so dass etwas Wärme in die kühlen Butzen kam. Hauptsächlich wärmte man sich aber gegenseitig: Meistens schliefen mehrere Kinder zusammen oder auch mit den Eltern in einem Wandbett. Das Lager bestand aus Stroh, unter dem Stroh wurden Kartoffeln aufbewahrt. *Nüst* ist gleichfalls ein Wort für das Bett, von der Seefahrt her die ➤ *Koje*, des weiteren natürlich auch *Klappe* und scherzhaft *Flohbackje* (Flohkiste). Ein modernes frei-

Die Butzen wirken durchaus gemütlich, da wir die Feuchtigkeit, die Kälte und die Enge nicht spüren.

stehendes Schlafmöbel wurde nach dem französischen Feldbett „lit de camp“ *Ledekant*, Leetkant oder Lettkant genannt. Oder schlicht *Veerkant*.

Buusdöör – Scheunentür Vom IJsselmeer bis fast an die Jade heißt die Stalltür „*Schüürdöör*“ – Scheunentür, nur im Harlingerland, im Jeverschen Friesland und verstreut im niederländischen Friesland ist die *Buusdöör* erhalten geblieben, ein Überbleibsel vom ausgestorbenen Wort „*Boos*“ = Stall.

Büx – Hose Büxen, das sind Hosen. Oft wird die Mehrzahl gebraucht, wegen der zwei Hosenbeine (vgl. Jeans, trousers) „*In de sien Büx much ik neet sitten*.“ – Ich möchte nicht in seiner Haut stecken.. „*Se hebben hum bi de Büx kregen*.“ – Sie haben ihn ertappt, hereingelegt. „*Se hebben hum de Büx uttrucken.*“ – … ihn übers Ohr gehauen. „*Ik mutt ut de Büx.*“ – ich muss meine Notdurft verrichten. „*He kickt man nett unner un boven ut de Büx.*“ Ein Grünschnabel: Er guckt gerade unten und oben aus der Hose heraus. Die Hosenträger heißen *Draggselen* (Tragseile).
Und wenn die Knaben etwas „*vör de Büx*“ kriegen sollten, sind sie lieber vorher ausgerissen – *utbüxt*. Auch wenn sie eigentlich keine ➤ *Bangbüxen* (Angsthasen) waren.

Büx un Pott un Moors, Jan un Klaas un Triene … Das Ostfriesische Schimpfwörterbuch ist ein wahrer Schatz für die Volkskunde. Nun ist es wohl richtig, dass Plattdeutsch oft netter klingt als Hochdeutsch, aber eben KLINGT! Es kann durchaus Ärger geben. Dabei ist zu bemerken, dass manche Schimpfwörter doppeldeutig sind: *Du olle Aap* kann böse gemeint sein oder sehr, sehr, sehr freundlich. Oder: „*Dat Aas hett wat leert, see Coord van Hallen, de kann dör de Welt komen.*“ – Große

Anerkennung für einen klugen Menschen. „*Wat de* ➤ *Drummel neet all kann, man sullt neet löven, wenn 't een neet sülvst sach.*" – Was der Bursche nicht alles kann, man sollte es nicht glauben, wenn man es nicht selber sähe. „*De Jung, daar musst uppassen, dat word 'n Drummel.*" – Pass bloß auf, aus dem Jungen wird ein Lümmel, Racker, Schelm. Aber der Drummel kann auch der Teufel sein: „*Pass up, de Drummel haalt di!*" *En Frantepott* ist ein grämlicher, mürrischer, verdrießlicher Mensch. Ein solcher wird wohl mal in *Wrantepott* gewohnt haben, einer sehr kleinen Ansiedlung zwischen Emden und Riepe am Ems-Jade-Kanal.

Büxenpiepen *'n Büx is 'n Büx*, wie wir wissen (s. vorher), *'n Piep* ist eine Röhre. Da eine lange Hose die Beine umschließt, ist also „Hosenröhren" eigentlich sehr viel zutreffender als „Hosenbeine".

C

Cirksena Eine aus einem Greetsieler Häuplingsgeschlecht hervorgegangene ostfriesische Adelsfamilie.

Cirkwehrum Ein typisches ➤ *Warfendorf*, heute Teil der Gemeinde Hinte. Der Ortsname Cirkwehrum hat im Laufe der Jahrhunderte manche Veränderungen erfahren. So findet sich zum Beispiel im Ostfriesischen Urkundenbuch für 1346 die Schreibweise Cirquerum und für 1381 Sircweren. Was die Herleitung des Ortsnamens angeht, existieren verschiedene Deutungen. Der Namensforscher Bernhard Brons vermutet in dem ersten Namensteil den Rufnamen Cir[c]k oder Cirik ➤ *Cirksena*! Während zum Beispiel Gerhard Ohling annimmt, dass er sich vom altfriesischen zerke oder ziurke (= Kirche) herleitet. Bei -wehrum, dem zweiten Bestandteil des Namens, handelt es sich mit hoher Wahrscheinlichkeit um den Dativ-Plural des altfriesischen were (= Wehr; gemeint sind hier Anlagen „zur Abwehr und Ableitung des Wassers").

Eine volksetymologische Legende erklärt die Entstehung des Ortsnamens so: Ein Fuhrmann namens Cirk hatte Steine für den Bau eines bedeutenden Gebäudes geladen. Als er mit seinem Fuhrwerk an die Stelle des heutigen Ortes Cirkwehrum angelangt war, hörte er den Ruf „*Cirk, wehr um!*" (ostfriesisches Plattdeutsch: „Cirk, dreh wieder um!"). Eine Brücke, über die sein Weg führen sollte, war eingestürzt. Voller Zorn entlud Cirk daraufhin die Steine an Ort und Stelle. Ein erstes kleines Häuschen, das damit sogleich errichtet wurde, habe den Namen Cirkwehrum erhalten und sei zur Keimzelle des späteren Dorfes geworden.

Costa granata ➤ Küste

Darde-Dags-Kolle – Malaria Malaria in Ostfriesland? Das ist doch ein schlechter Scherz! – Nein! Denn warum hat dieses Wechselfieber, das alle drei Tage wiederkehrt, einen plattdeutschen Namen? – Eben. Die Malaria war in der Vergangenheit auch in Ländern mit gemäßigtem Klima verbreitet. Bis ins 18. Jahrhundert gab es zahlreiche derartige Epidemien. Betroffen waren große Teile Deutschlands, vor allem aber die Marschen und Moore an der Küste sowie die Gebiete entlang der großen Flüsse. Während einer Epidemie im Jahre 1826 soll in Ostfriesland jedes zweite Kind an Marschenfieber erkrankt sein. In der Folgezeit wurden durch Flussbegradigungen und Entwässerungsmaßnahmen zahlreiche Brutplätze für Mücken zerstört. In der entstehenden Kulturlandschaft verdrängte *Anopheles maculipennis typicus* die fieberübertragende *Anopheles maculipennis messeae.* Gegen Ende des 19. Jahrhunderts war das Wechsel- oder Marschenfieber aus Deutschland fast verschwunden, lediglich um Emden und Aurich und in der Nähe der Leybucht waren endemische Krankheitsherde übriggeblieben. In Emden kam es 1918 zu einer Epidemie mit etwa 4000 Erkrankungsfällen. Auch nach dem Zweiten Weltkrieg trat das Wechselfieber in Deutschland wieder auf. Die letzten Brutstätten finden sich heute in einigen wenigen Kuhställen auf Bauernhöfen in Ostfriesland, die Mücken werden bei Bedarf von Tropeninstituten nachgefragt.

Darg Laut Duden *fester Moorgrund, torfartige Schicht.* Nach dem Ostfriesischen Wörterbuch von Otto Buurman *moorige, torfige Erde, nicht tragfähiger Untergrund. „Wi mutten rammen, um bi unse Neeibau dör de Darg to komen.“* – „Wir müssen rammen, um bei unserem Neubau durch den Darg zu kommen“, sagt der Ostfriese, will er nicht, dass sein Haus bald schief steht, wie der Turm der Kirche von ➤ *Suurhusen.* Und er denkt an die Kosten!

Der Darg erzwingt auch, dass neue Straßen und Autobahntrassen erst einmal mit einer fünf Meter hohen Sandschicht bedeckt werden. Der Sand sackt dann ab und bietet einen einigermaßen festen Baugrund. Wenn man aber den Autobahnring um Emden Richtung VW-Werk abfährt, spürt man durchaus, das die Autobahn eine *schwimmende* ist.

Deep – Tief Es gibt Kanäle, also planmäßig gegrabene Wasserläufe, es gibt natürliche Fließgewässer, wie die ➤ *Flumm*, die aber oft nur ➤ *Aa* oder *Ee* heißen, und die häufig begradigt und erweitert wurden und dann *Deep* oder Tief genannt werden.

deepste Stee van Oostfreesland – ➤ Tiefster Punkt Der tiefste Punkt Ostfrieslands liegt bei Freepsum.

Deern ➤ Mädchen

Delft Der Delft ist der alte – mittelalterliche – Emder Hafen, heute mitten in der Innenstadt gelegen. Viele Sportboote und mehrere Museumsschiffe bieten eine schöne Kulisse, das Otto-Huus steht gleich dabei. Das Wort Delft leitet sich ab von *delven* („graben"), ist also ein *gegrabener* Wasserlauf.

Was für eine Kulisse! Ein Spaziergang rund um den Emder Delft und den Alten Binnenhafen ist zweitausend und einhundert Meter lang.

Delftspucker Sie stehen am Geländer des Delfts, ganz nahe beim Otto-Huus. Die drei Männer sollen erinnern an jene, die sich hier in früheren Zeiten als Arbeitslose trafen, ➤ *Dööntjes* erzählten und ihren Priem in den Delft spuckten. Die drei heißen Hinni de Vries, Joke Rinne und Jan Rehbein. Sehr beliebt sind sie bei den Touristen, und einer von ihnen spuckt sogar in der Sommersaison unregelmäßig auf die fotografierenden Besucher und Besucherinnen.

DGzRS Diese merkwürdige Abkürzung steht für die *Deutsche Gesellschaft zur Rettung Schiffbrüchiger.* Eine Einrichtung, die alljährlich vielen Menschen das Leben rettet und Boote und Schiffe und Wattwanderer aus schwierigen Situationen hilft – und das bei jedem Wetter. In vielen Häfen an den deutschen Küsten liegen Rettungskreuzer zum sofortigen Einsatz bereit. Die DGzRS-Zentrale hat ihren Sitz in Bremen. Aber wir Ostfriesen sind ein bisschen stolz darauf, dass der Oberzollinspektor Georg Breusing am 2. März 1861 in Emden den ersten Verein zur Rettung Schiffbrüchiger in Deutschland gründete, der später in der DGzRS aufging.

Diek – Deich, Teich Der Deich hat sehr viel mit dem Teich zu tun. Ein und dasselbe Wort schreibt man einmal mit d, einmal mit t. Allerdings haben diese Wörter verschiedene Bedeutung: Einmal ist eine Vertiefung gemeint, ein kleiner See, ein Gewässer oder eben ein Teich. Es kann aber auch eine Anhäufung sein: ein Damm, ein Wall, ein Deich im klassischen Sinne. Auf jeden Fall geht es darum, dass etwas ausgehoben und dann wieder aufgeschichtet wird, so dass einerseits eine Vertiefung, andererseits eine Erhöhung entsteht. In weiten Teilen Norddeutschlands heißen sowohl der

Zur Deichsicherheit tragen neben der halbjährigen Deichschau vor allem die Schafe bei.

Deich wie der Teich *Diek*, in Ostfriesland aber heißt ein Teich ➤ *Dobb(e)*, *Pool* oder *Kolk*. Und der Deich *Diek*. Dieses friesische und niederdeutsche Wort hat sich im Hochdeutschen gehalten: Der mittelhochdeutsche *tîch* ist ein Teich geblieben, aus dem Niederdeutschen wurde dann die Variante *Deich* für einen Damm übernommen.

Diekacht – Deichacht Die Deichachten sind Genossenschaften zum Schutz der Deiche. In Ostfriesland gibt es die Rheider Deichacht, die Deichacht Krummhörn, die Moormerländer Deichacht, die Norder Deichacht, die Deichacht Esens-Harlingerland, daran schließt der Oldenburger Deichverband III mit Sitz in Jever an. Der Deichverband Krummhörn als Beispiel ist für eine rund 48.000 Hektar große Fläche zuständig. Dieses geschützte Gebiet, welches alle im Schutz der Hauptdeiche gelegenen Grundstücke bis zu einer Höhe von fünf Meter über Normalnull umfasst, erstreckt sich über die Gemeinden Krummhörn und Hinte bis nach Norden, Aurich, Emden und Ihlow. Die Hauptdeichlinie ist 50 Kilometer lang von der Ostseite des Borssumer Siels bis zum Störtebekerdeich bei Neuwesteel an der Leybucht.

Die Deichabschnitte werden größtenteils durch Schafe beweidet, wodurch dauerhaft eine kurze, geschlossene und feste Grasnarbe gewährleistet ist, wichtig für die Deichsicherheit. Die Deichacht Krummhörn ist seit 1997 Besitzerin des Pilsumer ➤ *Leuchtturms*, der auf dem Hauptdeich nordwestlich von Pilsum steht.

Diekbau – Deichbau *Well neet will dieken, de mutt wieken.* (Wer nicht will deichen, der muss weichen.) Das war das harte Gesetz beim Deichbau. Etwa seit dem Jahr 1000 bauten die Friesen einen durchgehenden Deich, den goldenen Ring entlang der ganzen Küste von den westfriesischen Dünen bis nach Dänemark. Natürlich war der Deich nicht so hoch, nicht so breit und nicht so stark wie heutzutage, aber die Nordseeanrainer konnten doch dem Hochwasser besser trotzen. So blieben die Ländereien im Wesentlichen vom Salzwasser verschont und brachten bessere Erträge. Allerdings war die Arbeit am Deich mit einfachsten Geräten (Spaten, Forke, Tragbahre) ungeheuer schwer. Wer ein Stück Land besaß, das vom Deich geschützt wurde, der musste auch ein entsprechendes Deichstück in Ordnung halten. Und wer das nicht konnte, steckte den Spaten in den Deich und gab auf. Derjenige, der die Deichpflicht übernahm durch Ergreifen des Spatens, dem gehörte dann auch das dazugehörige Land. Hart, aber notwendig,

Mit Forke, Spaten und Tragbahre wurde in früheren Zeiten der Deich gebaut und gepflegt. Eine Knochenarbeit!

denn der Deich musste überall gleich gut in Schuss sein. Durch dieses Deichrecht egalisierte sich in Friesland die Bevölkerungsstruktur – es gab keinen Adel mehr, sondern nur noch Freie, denn jeder Landeigentümer war im Mittelalter frei.

Diekhohner – Deichhühner sind eine spezielle ostfriesische Rasse, die sich besonders am Deich bewährt hat. Da sie ein langes und ein kurzes Bein haben, können sie sich sehr bequem auf und am Deich entlang bewegen und frisches Gras und Regenwürmer finden. Am Abend lassen sie sich leicht einfangen.

Diekrichter – Deichrichter Was woanders Deichgraf heißt – wir kennen den Deichgrafen Hauke Haien aus Theodor Storms „Schimmelreiter“ – ist in Ostfriesland der *Deichrichter*, gemäß der alten friesischen Tradition, keine Adligen über sich zu haben, sondern gewählte Vertreter. Der Deichrichter ist der Chef der ➤ *Deichacht*. Zweimal im Jahr, im Frühjahr und im Herbst, findet eine Deichschau statt, eine Begehung, bei der die Standsicherheit und der ordnungsgemäße Zustand des Deiches und seiner zugehörigen Bauwerke und Anlagen überprüft werden. Danach ist der Deich schaufrei, plattdeutsch *schaufreei*.

Dokkum Dokkum ist eine sehenswerte friesische Stadt, liegt aber leider nicht in Ostfriesland, sondern westlich vom Groningerland. Besondere Bedeutung hat die Stadt dadurch gewonnen, dass hier im Jahre Jahre 754 der Missionar Bonifatius von den Friesen erschlagen wurde. Sie wollten sich nicht zu Christen machen lassen. Immerhin durften seine Leute die Knochen des Missionars nach Hause, nach Fulda, mitnehmen, nachdem der Körper gekocht worden war.

doof, stockdoof – taub, stocktaub *„He is 'n bietje doof!"*, kann man durchaus über seinen eigenen Großvater sagen, denn das heißt nur: „Er ist ein bisschen taub." Über Taube hat man früher gerne Witze gemacht, so auch mit diesem Spruch: *„‚Dat lett sük hören', see de Dove, do kreeg he 'n Slag an de Hals."* Das konnte ich hören, sagte der Taube, als er eine Ohrfeige bekam.

Doon deit Lehren Übung macht den Meister. Ein kluger Spruch. Weder Schwimmen noch Radfahren und auch eine Sprache lernt man nicht durch noch so kluge Anweisungen, sondern durch Tun. Sogar für das Erlernen der plattdeutschen Sprache gilt das! Es gibt nämlich nicht wenige Ostfriesen, die davon überzeugt sind, dass man das *Plattproten* oder *-snacken* nicht lernen kann (es muss mit der Muttermilch eingesogen werden!). Eine hübsche Theorie. Dann wäre Plattdeutsch etwas ganz Besonderes (*heel wat Besünners!*), nämlich die einzige Sprache auf der ganzen Welt, die man nicht erlernen kann. Diese Theorie scheint falsch zu sein. Probieren Sie es selbst!

Dööntje Das *Dööntje* gilt als die klassische plattdeutsche Prosa. Die Ostfriesen lieben *Dööntjes*. Man versteht darunter Anekdoten, kleine witzige Erzählungen, die bei geselligen Ereignissen zum Besten gegeben werden. Auch in den Tageszeitungen wird gerne ein *Dööntje* gebracht, die Leserinnen und Leser scheinen das zu schätzen, die plattdeutschen Autoren und Autorinnen sind davon nicht immer begeistert. – Sprichwort: *„All Dööntjes, de man weet, mutt man neet utsingen,"* (Man muss nicht alles ausposaunen, was man weiß.)

Dööskopp ist ein Dummkopf, Dussel, Idiot, Knallkopf, Schwachkopf, Tor, dösiger Mensch. *Dösig* bedeutet also „dumm, töricht, benommen", und hängt wohl mit dösen = „wachend träumen, halb schlafen" zusammen.

D

Doornkaat Doornkaat wurde 1806 in Norden von dem aus Groningen stammenden ➤ *Mennoniten* Jan ten Doornkaat Koolman gegründet. Trotz großer Konkurrenz (es gab seinerzeit in Norden 24 Kornbrennereien) setzte er sich mit seinem Produkt durch. Im Laufe der Jahrzehnte wurde Doornkaat sogar zu einer deutschlandweit bekannten Kornmarke. Die Jahre nach dem Zweiten Weltkrieg brachten nochmals einen großen Aufschwung. In der letzten Hochblüte, Ende der 1960er Jahre, wurde Doornkaat mit dem legendären Doornkaat-Mann, der die Doornkaat-Vierkantflasche in der Hand hält, mit dem Slogan „Doornkaat – heiß geliebt und kalt getrunken“ beworben. In den 1970er und 1980er Jahren erfolgte ein schneller Abstieg, der letztlich auch zum Verkauf des Unternehmens führte. Dies lag im Kern am veränderten Trinkverhalten der Bevölkerung, das zu einem Einbruch des Absatzes führte.

Doornkaat
Der legendäre Doornkaat-Mann mit der Doornkaat-Vierkantflasche in der Hand, die auch am Ortseingang von Norden steht.

dreemaal – dreimal – is (Oost-)Fresenrecht Frage: Was sagt ein Ostfriese, wenn ihm drei Männer entgegenkommen. „Moin!“, natürlich, dann aber: „Na ihr beiden, habt ihr noch einen mitgebracht?“ Ein weiterer mäßig guter

Ostfriesenwitz. Tatsächlich bescheinigte man den Friesen schon immer, seit Tacitus, dass sie nicht singen (*Frisia non cantat*), aber gut rechnen könnten: *Frisia non cantat, sed ratiocinatur.* Drei ist jedenfalls Ostfriesenrecht. Drei Tassen Tee – weniger geht nicht. Danach darf man den Löffel in die Tasse stellen. Das bedeutet ohne viele Worte: Danke, mehr möchte ich nicht. *Frisia non cantat, non multus dicet etiam. …* – und redet auch nicht viel. – Wie wir wissen! – Noch zwei Hinweise: „*De Fisk mutt dreemaal swemmen: In Water, in Botter un in Wien.*" Der Fisch muss dreimal schwimmen: im Wasser, in Butter, im Wein. Und auch das ist ostfriesisches Recht: „*Lever tweemaal ofbrannen* (abbrennen) *as dreemaal umtrecken* (umziehen)."

Drievhuus – Treibhaus Wieder ein niederländischer Einfluss? Die haben doch ganze Landschaften unter Glas. Diesmal nicht: Ein Treibhaus in diesem Sinne heißt niederländisch *broeikas*. Unser *Drievhuus* dagegen ist ein Haus, das treibt, wenigstens teilweise. Genau genommen soll nur das Dachgeschoss sich bei einer Sturmflut vom Erdgeschoss lösen und dann wie ein Floß ins Land getrieben werden. So konnte man mit ein wenig Glück zumindest sein Leben retten. In der gewaltigen Weihnachts-Sturmflut von 1717 sind zahlreiche *Drievhusen* bis weit ins Landesinnere getrieben, leider oft mit erfrorenen Menschen darin.

Dröögaptheek – Drogerie *Dröögaptheek* ist der alte ostfriesische Name für eine Drogerie. Eine Apotheke die trockene Dinge verkauft. In Aurich in der Osterstraße gibt es noch so einen alten Laden!

Düker An manchen Ufern stehen weiße Schilder mit einem roten Rand und einem durchgestrichenen Anker. Klar, das bedeutet Ankerverbot. Und darunter häufig ein

Zusatzschild: Düker. Das ist eine Rohrleitung, Gas – Wasser – Strom, die einen Wasserlauf unterquert und nicht beschädigt werden soll. *Düker* hängt natürlich mit „Taucher" zusammen, und so ist auf Platt sowohl der tauchende Mensch ein *Düker* als auch der Vogel *Haubentaucher*.

düll verärgert, wütend, zornig, wild. *Musst nich düll wesen!* = Sei mir nicht böse!

Dülligheid, Brass ist Wut oder Zorn. – *He is in Brass, is düll* = ist wütend.

dumm *dumm, duddig, dösig, eenfoldig, gosig, ohnweten, simpel, slicht, slock, töffelig, unnösel* – Diese Begriffe stellen nur eine kleine Auswahl dieses Fachwortschatzes. Dazu kommen viele schöne Sprüche: *He hett so vööl Benüll as 'n dreebeenden Buck.* Er hat so viel Verstand wie ein dreibeiniger Bock. *He hett so vööl Gehögen as 'n Gernaat.* Er hat so viel Verstand wie eine Garnele. *He hett d'r so vööl Verstand van as de Mutt van 't Haspeln.* ... so viel Ahnung davon wie eine Sau vom Garnaufwickeln. *He is so klook as söven Dösigen.* Er ist so klug wie sieben Dumme. *He is stockedumm, he sull sük man 'n nejen Kopp verpassen laten.* ... so dumm, dass er sich am besten einen neuen Kopf verpassen ließe ... Das reicht!

Dünen Eine Düne ist eine Erhebung aus Sand, der vom Wind angeweht und abgelagert wird. Die Bildung von Dünen kann mit dem Helmholtzschen Gesetz erklärt werden: „Strömen zwei Medien unterschiedlicher Dichte aneinander vorbei, so ergibt sich eine wellenförmige Begrenzungsfläche." Diese ist für die Luftströmung günstiger als eine ebene Begrenzungsfläche. Dabei unterscheidet man Großformen, die eigentlichen Dünen,

Mit bis zu 24 Metern Höhe sind die Dünen in Ostfriesland dem Himmel am nächsten.

und Kleinformen, die Rippeln. Während Dünen beträchtliche Ausmaße und Mächtigkeiten erreichen können, haben Rippeln meist nur eine Höhe von wenigen Zentimetern, sehr schön zu sehen am Strand und im Wattenmeer. Die Dünen schützen die Inseln und sollten vorsichtig behandelt werden.

Dusendweekster – Tausendwochige, schlecht übersetzt Ein Mädchen das tausend Wochen, das also gut 18 Jahre alt ist. Nach konservativer Auffassung wohl eine interessante weibliche Zielperson.

Düütske, Düütsker, Düütser Natürlich wissen die Ostfriesen, dass auch sie Deutsche sind, aber irgendwie vielleicht dann doch eigentlich nicht so ganz. Früher war das einfacher: Wer von draußen kam und *Düüts* sprach, war eben 'n *Düütsen*. Oder, falls Frau, *'n Düütske.* Erstaunlicherweise sagt aber auch ein Ostfriese, wenn er sich über das Verhalten eines andern ärgert: *„He, kannst du keen Düütsk verstahn*?“ Hier ist dann aber doch Platt gemeint!

Duutje Ein *Duutje* ist ein Kuss. *Duutjen* heißt küssen. „*Geev mi doch 'n Duutje*", kann auch ersetzt werden durch „*Geev mi doch 'n Söten.*" Und so können wir vermuten, dass „*Duutje*" aus dem Französischen kommt und von *doux / douce* = süß herzuleiten ist. Ein ganz heftiger Kuss ist ein *Ballerduutje.*

Düvel – Teufel Der ähnliche Klang macht es uns leicht. Er heißt aber auch *Blixem, Bumann, Deibel, Dönner, Drummel, Dönnerkater, Düüvkater, Feend* (= Feind), *oll Fent, oll Jung, Kuckuck, de anner Macht, de Quade* (= der Böse), *Satan, de Swarte* (*He hett de Swarte 'n bietje hulpen* – dem S. ein bisschen geholfen: hat Selbstmord begangen.), *de Verdarver.* Sehr ernste Sache, da hilft wohl nur ein Scherzwort: *Old is old, see de Düvel, do reet he sien Grootmoder en Ohr of.* Alt ist alt, sagte der Teufel und riss seiner Großmutter ein Ohr ab. *De beste in d' Midden, see de Düvel, do seet he tüsken twee Papen.* Der beste in der Mitte, ... , da saß er zwischen zwei Pastoren. *Beter wat as gaar nix, see de D., do suuste he mit 'n Preester of.* Lieber wenig als gar nichts, und sauste mit einem Priester davon. *Eenfach, aber nüdelk, see de D., do harr he sien* ➤ *Steert gröön anstreken.* – Einfach, aber niedlich, ... da hatte er seinen Schwanz grün angestrichen. – s. auch ➤ *Düwelswiev*

Düvelswiev – Teufelsweib Dazu sagt das Wörterbuch von Buurman: „quälerische, grausame Frau". Alternativen sind: *Haaloverske: he hett 'n naren* (furchtbaren) *H. as Wiev, Hellhaak: so 'n H. as de sall d'r söcht worden* (So ein Hausdrache muss erst einmal gesucht [= gefunden] werden) *Düvelswiev: Mit dat Düvelswiev will ik nix to doon hebben! (Auch* in anerkennendem Sinn:) *Man mutt sük wunnern, wo dat D. hör Hushollen smitt.* (Notwendige Anmerkung des Autors: Die Runde um Buurman bestand nur aus Männern, vorwiegend kirchennah.)

Eala frya Fresena Ganz Genaues weiß man nicht. Es soll der Gruß der alten Friesen sein, aber die Überlieferung setzte erst spät ein. *Fresena* sind die Friesen, *frya* heißt frei, und *Eala* würde ich als „Heil" verstehen, vgl. engl. „heal". Also: *Heil, ihr freien Friesen!*

Ebbe und Flut ➤ *Gezeiten,* ➤ *Tide*

Ee ➤ **Aa**

Eerdappel – Erdapfel *Eerdappel* sagten die Ostfriesen zum Kürbis, bis zur Einführung der Kartoffel, die in den Niederlanden immer noch aardappel heißt, in Ostfriesland jetzt meistens Kartuffel, Ketuffel oder bloß *Tuffel. De dummste Buur hett de dickste Tuffels.* Oder auf (Pseudo-)Latein: Das maximale Volumen subterraner Agrarprodukte steht in reziproker Relation zur intellektuellen Kapazität des Agronomen. Der Kürbis heißt jetzt *Kürbis.*

Eerdhollander, Grundkröjer – Erdholländer Die erste Vermutung, es könnte im Gegensatz zum Seeholländer ein mehr dem Lande zugewandter Niederländer sein, ist völlig falsch. Es handelt sich um eine Windmühle vom Holländertyp, das heißt: mit drehbarer Kappe, die in unserem Falle, also beim Erdholländer, von der Erde aus gedreht wird. *Kröjen* heißt auch drehen, der *Grundkröjer* wird also vom Grund gedreht.

Eerdmanntje Wichtelmänner oder Zwerge, auf Platt Eerdmanntjes. Sie lebten der Sage nach im Plytenberg bei Leer und halfen den Menschen. Leider sind sie irgendwann verschwunden und leben nur in der Sage weiter.

Ei *Ei is Ei, see de Köster / de Paap, do greep he na dat dickste.* Ei ist Ei, sagte der Küster / der Pfaffe, und griff nach dem dicksten. *Man sall nich um een Ei de hele Pannkook verdarven.* Man soll nicht wegen eines Eis den ganzen Pfannkuchen verderben. Hier nun zwei aus dem Friesischen gerettete Sprüche zum Thema „Ei“: *Ohn oye uhn buhtenbrode kann men var alle lües darr opiten. Alle lües darr, is de tzierckdarr.* Ein Ei und Butterbrot kann man vor jedermanns Tür aufessen. Jedermanns Tür ist die Kirchtür. *Ohn frasck oye, buhten, brohde, met ohn ham, mag men uhsen lauhnesheehre varraycken.* Ein frisches Ei, Butter, Brot mit einem Schinken darf man wohl unserem Landesfürsten vorsetzen.

eien Welch zauberhaftes Wort! Wenn Sie das vor sich hin sprechen, wenn Sie fragen: „Soll ich dich *eien*?“, dann spüren Sie schon: Das ist Streicheln! Und wohl sehr viel sanfter als das Wort ➤ *striekeln*. Das trifft zwar lautgesetzlich absolut zu, klingt aber doch sehr stark nach *stiekeln* – stacheln.

Elführtje Wenn man einigermaßen früh aufsteht, kann man um 11 Uhr gut eine Pause machen und drei Tassen Tee trinken, Diese Pause trägt den wunderschönen Namen Elführtje. Dazu wird man auch gerne mal eingeladen.

Emden ➤ *M*

Emden – Reformationsstadt Europas Diesen Titel erhielt Emden 2013 als erste von 19 europäischen Städten. Neben Genf und Wittenberg gehörte Emden zu den einflussreichsten Stätten der Reformation. Grund dafür war die Bedeutung der Stadt während des spanisch-niederländischen Krieges (1568–1648), denn Emden wurde zum Zufluchtsort von Tausenden von Glaubensflüchtlingen aus den benachbarten Niederlanden. Die

Anhänger des reformierten Bekenntnisses, aber auch sogenannte „Täufer", fanden hier zunächst Unterschlupf und viele von ihnen letztlich eine neue Heimat. Die um das Jahr 800 gegründete Stadt erlebte eine rasante Entwicklung im 16./17. Jahrhundert durch den Befreiungskampf der niederländischen Protestanten gegen die katholischen Spanier. Die Stadt nahm wenigstens 20.000 Glaubensflüchtlinge auf, und die Bevölkerung wuchs sehr schnell auf 25.000 Einwohner. Die niederländischen Kaufleute sorgten für großen wirtschaftlichen Aufschwung.

Emder Matjes Die Heringe wurden unmittelbar nach dem Fang auf See geschlachtet und gesalzen. Das Schlachten oder „Kehlen" erfolgt mit einem speziellen *„Kakemesser"* mit kurzer Schneide; dabei wird mit einer Bewegung hinter den Kiemendeckeln eingestochen und Kiemen, Vorderdarm und Magen sowie das Herz entfernt, so dass der Hering ausbluten kann. Die Gonaden (Geschlechtsdrüsen) sowie die Mitteldarmdrüse und der restliche Darm bleiben im Fisch, die *Fermente der Mitteldarmdrüse* tragen wesentlich mit zur Reifung des Salzherings bei. Das Salzen erfolgte in der *Warback*, einer an einer Stirnseite offenen Krippe. Jeweils ein Korb geschlachteter Heringe wurde in der Warback mit der nötigen Menge Salz vermengt und anschließend lagenweise in die Fässer verpackt und verstaut. Beim Salzhering betrug das Verhältnis Fisch zu Salz bei der Hartsalzung 5:1, beim mild gesalzenen *Matjes* 9:1. Die Emder Firma Fokken & Müller fügt bei ihrer Matjesproduktion den tiefgekühlten Heringen die Fermente der Mitteldarmdrüse handwerklich hinzu und stellt so perfekte Matjes her.

Emder Pottjekacker ➤ **Pottjekackers**

Endje van de Wereld Um ans Ende der Welt zu gelangen, muss man nicht weit fahren. Ein Kilometer westlich von Ditzum, direkt am Dollart, liegt das ein wenig verschlafene Dorf Pogum. Diesen Zipfel des Rheiderlandes nennen die Eingeborenen *„Endje van de Wereld"*. Das steckt ein wenig Selbstironie drin, aber genauso viel Selbstbewusstsein. Vergleichbar ist zum Beispiel der Name des Départements *Finistère (Ende der Welt)* in der Bretagne. Dort ragt die schroffe Klippe eines felsiges Kaps mit einer Höhendifferenz von 72 Metern ins Meer hinaus. Bei schwerem Sturm mag es dort wohl etwas aufregender als am Pogumer Deich sein.
Und dann gibt es noch das Kap Finisterre im Nordwesten Spaniens. Das Kap Finisterre liegt etwa 60 Kilometer westlich der Pilgerstadt Santiago de Compostela. Auf dem Kap befindet sich ein Leuchtturm für die Schifffahrt. Für viele Jakobspilger gilt das Kap als das eigentliche Ende des Jakobswegs – der Camino a Fisterra endet hier.

Engelke up de Müür Das goldene Engelchen auf der roten Mauer, darunter die blauen Wellen der Ems, so sieht das Emder Stadtwappen aus. Es wurde der Stadt im Jahr 1495 von Kaiser Maximilian I. (1459–1519), natürlich gegen eine sehr angemessene Gebühr, verliehen. Entwickelt wurde das Wappen aus dem goldenen Jungfrauenadler

Engelke up de Müür:
Stadtwappen von Emden

der Grafenfamilie Cirksena, die damals Landesherren mit Sitz in Emden waren. Der goldene Engel ist also eigentlich gar keiner, sondern eine Harpye, ein weiblicher Unheilsdämon aus der griechischen Mythologie, in der Heraldik auch als „Jungfrauenadler“ bekannt. In der Moderne ist das Engelke züchtig am ganzen Oberkörper mit einem Federkleid bedeckt, zu Zeiten des Barock, wie an der Emder Neuen Kirche (von 1648) schön zu sehen, hatte das Engelke auch schon mal pralle Brüste.
Aber vielleicht ist das Engelke überhaupt kein Mädchen, sondern ein Jüngling mit damals üblichem langen Haar. Es könnte sich sogar um den jungen Kaiser selbst handeln – denn in Emden bestand schon damals die kühne Vorstellung, eine Reichsstadt zu werden.

Enkel *„Dat is mien Enkel“*, hört man häufiger von ostfriesischen Großeltern. Leider eine Fehleinschätzung. Oder nur eine Sprachschlamperei? Ein Enkel ist nämlich im ostfriesischen Platt wie auch bei den niederländischen Nachbarn und den Engländern („ankle“) der Knöchel. Die Kindeskinder heißen in Ostfriesland *Grootkinner* und in den Niederlanden *kleinkinderen*.

Ewiges Meer Das Ewige Meer ist der größte Hochmoorsee Deutschlands. In seinem sauren Wasser können nur sehr spezialisierte Pflanzen und Tiere leben, so dass das Meer nicht zuwächst. Der Name Ewiges Meer ist schon seit dem 17. Jahrhundert überliefert. Das Moorgebiet rund um das Ewige Meer hat im Laufe der Zeit einige bedeutende archäologische Funde preisgegeben, beispielsweise die Moorleiche von Bernuthsfeld ➤ *Bernie* oder den ➤ *Bohlenweg* im Meerhusener Moor. Seit Anfang der 1980er Jahre besteht am Nordrand ein 1,8 Kilometer langer Bohlenweg, der im Jahr 2000 um einen Moorlehrpfad ergänzt wurde.

F

Fahrrad Das erste Fahrrad in Ostfriesland besaß Graf Erhard von Wedel auf der Evenburg in Loga. Er hatte 1867 ein *Velociped* mit Tretkurbel und Pedalen auf der Weltausstellung in Paris gesehen und war so begeistert davon, dass er sich von dem Schlossermeister Wienholtz nach den Originalplänen ein Duplikat anfertigen ließ. Für den größten Teil der Bevölkerung war ein Fahrrad allerdings noch lange Zeit einfach unerschwinglich. Der *älteste* Radfahrer Deutschlands (was er übrigens erst mit 77 Jahren in wenigen Tagen gelernt hatte) war natürlich ein Ostfriese. Eine Ansichtskarte mit dem 88-jährigen Gerd Sehen war damals in ganz Deutschland bekannt und verbreitet.
Ein direkter Vorläufer des Fahrrades war 1817 die „Laufmaschine" des Freiherrn von Drais, als „Draisine" bekannt geworden. Für das neue Fahrzeug, das Zweirad, gab es zunächst die Bezeichnung *Velociped*, angeleitet von lateinisch *velox* – schnell und *pes, pedis* – Fuß, also in der Bedeutung „auf schnellen Füßen". Das war umständlich, und so erfand man in verschiedenen Ländern neue, kürzere Wörter. In Deutschland eben *Fahrrad* und *Rad*, in der Schweiz Velo, in den Niederlanden *fiets*, irgendwie aus *vélocipède ... flitziped* zusammengezogen. Daneben gibt es noch die bicyclette-Wortfamilie, entstanden aus lat. *bi* – zwei und *cyclus* – Kreis, also Zweirad. Die Engländer machten daraus *bicycle*, und stark verkürzt heißt es jetzt auch bei uns *bike*. Ein Mountain-bike ist ja in Ostfriesland nicht nötig, aber wie wäre es mit einem dike-bike?

Farv, Klöör – Farbe Vielleicht verblüffend: Aber in Ostfriesland gibt es dafür zwei Wörter: *Farv* ist die Farbe im Eimer zum Beispiel, auch der Farbton, aber dafür nimmt man besser *Klöör*. Vergleichbar mit englisch *paint* (das Material) und *colour* (der Farbton). Dass in Klöör und colour das französische couleur steckt, ist ja offensichtlich.

Solche Torfkähne wurden früher getreidelt, das heißt: von Pferden gezogen. Oder, wenn der Schipper kein Pferd hatte, zog seine Frau.

Fehn – Fehnkultur – Veenkultuur Viele Techniken und Begriffe aus den Bereichen Schifffahrt, Mühlenbau, Entwässerung kamen aus den Niederlanden, so auch eine erfolgreiche Methode, das Moor (niederländisch: veen) zu erobern. Die Moore an der südlichen Nordseeküste sind etwa drei Meter mächtig, also etwa 3000 Jahre alt (Das Moor wächst ein Millimeter im Jahr.) Die Moore speichern sehr viel Wasser. Der erste Schritt einer Nutzung liegt also in der Entwässerung. Dazu wird ein Kanal angelegt mit Verbindung zu einem Fließgewässer. Von diesem Hauptkanal können weitere abzweigen, die Wieken heißen.

Der Kanalbau war damals, im Prinzip per Hand mit Karre und Schaufel, härteste Arbeit. Dann wurde beiderseits des Kanals das Moor abgegraben und zunächst ein Weg angelegt, weiteres Moor abgegraben, um eine Fläche für eine Behausung zu schaffen.

Das abgestochene Moor, also der Torf, wurde nach dem Trocknen per Schiff zu den Abnehmern gebracht. Auf der Rückfahrt wurden dann Steine für den Hausbau oder

Sand, Mist oder Schlick zur Bodenverbesserung mitgenommen. So bauten die Fehntjer zunächst das Moor ab, und wenn da das Ende abzusehen war, stiegen sie ganz um auf Schiffahrt und Schiffbau. Die Meyer-Werft in Papenburg ist ein sehr erfolgreiches Beispiel für diese Entwicklung.

Fehntjer – Fehnbewohner Die Fehntjer haben aus den Mooren blühende Landschaften gemacht, und der Torfabbau zu Ende ging, sind sie gewechselt zu Schiffbau und Schifffahrt oder wie in Wiesmoor zur Gartenkultur. Ein aktives Völkchen!

Fehntjer Tief Die ➤ *Flumm* ist ein alter Geest- und Niederungsbach, der auf dem Auricher Geestrücken entspringt und zu den wenigen ehemals natürlichen Fließgewässern Ostfrieslands gehört. Heute besteht das Bachsystem allerdings überwiegend aus von Menschenhand gestalteten, geradlinigen Abschnitten wie dem *Fehntjer Tief.* Dieses Teilstück bis zum Oldersumer Sieltief und das Oldersumer Sieltief selber sind mit ihren

Das Fehntjer Tief schlängelt sich durch das Land. Hier liegt der Wasserspiegel höher als das umgebende Land.

zahlreichen Flussschleifen noch als alter Flusslauf zu erkennen. Das Bett wurde jedoch als Transportweg für die Fehnschifffahrt von Moorkolonisten erweitert. Außerdem wurde das Fehntjer Tief um einen aus geradlinigen Strecken bestehenden westlichen Arm verlängert, sodass die ➤ *Fehntjer* den Markt in Emden erreichen konnten. Die feuchten Niederungsgebiete am Ufer der Flumm wurden lange Zeit extensiv als Wiese und Weideland genutzt. Erst in jüngster Zeit konnten mehrere Teilabschnitte der Flumm renaturiert werden. Die EU verlangt, dass große Teile der Flumm-Niederung unter Natur- oder Landschaftsschutz gestellt werden.

Fidibus Das ist ein zusammengefalteter Papierstreifen, wie man ihn in Zeiten, in denen es noch keine Zündhölzer und keine Feuerzeuge gab – oder man ➤ *Rietsticken* sparen wollte, zum Anzünden der Pfeife benutzt hat. Woher das Wort kommt, ist nicht weiter bekannt.

Flagge / Fahne Die Wörter *Flagge* und *Fahne* werden umgangssprachlich oft gleichbedeutend gebraucht. Aber, aber … ! Eine *Flagge* ist ein Stück Tuch, das im Winde flattert, aber doch eine gewisse Bedeutung hat. Sie wird mit einer Flaggenleine an einem Mast oder Flaggenstock gehisst und ist so leicht austauschbar. Eine *Fahne* ist immer ein Unikat (Vereinsfahne, Regimentsfahne). Die Fahne ist meist fest, direkt am Stock befestigt. In der Schweiz werden auch Flaggen „Fahnen" genannt. *Stander* sind meist dreieckige Flaggen, die als Unterscheidungszeichen dienen. Sportboote führen einen Vereinsstander.

Flumm ➤ **Fehntjer Tief**

Fluss Ein eigentliches Wort für „Fluss" gibt es nicht, die Ems ist ein Strom, und die Leda, die Jümme, die Flumm, die Harle … ? Die Niederländer haben dasselbe „Problem": Ein Fluss ist dort ein *stroom* oder ein *rivier*. Da steckt das Wort „Revier" drin, bezeichnet also irgendwie eine ganze feuchte Landschaft.

In Ostfriesland haben wir gleichfalls bei dem geringen Gefälle kaum Strömung, und so wurden viele ehemalige wenig fließende Gewässer zu Kanälen erweitert, und werden Tiefs (pldt. *Deep*) genannt. Fehntjer Tief, Hinter Tief, Greetsieler Sieltief, … Tjaa, Tjade; ➤ *Sloot*, ➤ *Flumm*, ➤ *Aa*, *Ee* sind weitere Wörter für ein Fließgewässer.

Flutter – Fluttermöhlen
Dies ist der einfachste Typ einer Windmühle. Sie besteht aus einem Gestell mit einer schräg nach unten laufenden Welle, an deren oberen Ende Flügel sitzen, während sie am unteren Ende in eine archimedische Schraube ausläuft. Diese leicht transportable Mühle diente natürlich nur der Entwässerung. Flutterwindmühlen stehen noch im Museumsbauernhof Lütjegaste (Gemeinde Westoverledingen), im Dorfmuseum Münkeboe (nahe Moordorf) und am westlichen Ortseingang von Riepe östlich von Emden).

Foon ➤ Mädchen (im Harlingerland)

Franeker Der Ort liegt leider außerhalb Ostfrieslands, in der niederländischen Provinz Friesland, ist aber tatsächlich eine Reise wert (das sagt nichts gegen irgendeinen anderen nord-, west-, ost- oder überhaupt friesischen Ort!). Die Universität Franeker war nach der Universität Leiden die zweitälteste Universität der Niederlande. Sie wurde 1585 von der friesischen Provinzregierung

gegründet, um reformierte Prediger und Beamte für den neuen Staat der Vereinigten Niederlande auszubilden und bestand bis 1811. Die Wahl war auf Franeker gefallen, da dort ehemalige Klostergebäude zur Verfügung standen und die Stadt während des Krieges gegen Spanien sicherer war als die friesische Hauptstadt Leeuwarden.
Im Jahre 1629 war der berühmte Philosoph René Descartes (1596–1650) Student in Franeker. Sein Satz „*Cogito, ergo sum*" – (Ich denke, also bin ich), ist eine der bekanntesten philosophischen Aussagen der Welt. Descartes lebte seit 1629 in den Niederlanden, vermutlich wegen der größeren geistigen Freiheit, die dort herrschte, und verbrachte hier 18 Jahre. Nachdem das Französische Kaiserreich 1810 das Königreich Holland annektiert hatte, blieben nur drei Universitäten erhalten: Leiden, Utrecht und Groningen.
Die Universität Groningen wurde 1614 gegründet. Der Ostfriese Ubbo Emmius aus Greetsiel war der erste Rektor. Eine weitere bemerkenswerte Besonderheit von Franeker ist das ➤ *Planetarium*.

Fräulein Maria Ein trauriges Kapitel in der ostfriesischen Geschichte. Die Erbtochter des Jeverlandes sollte mit dem Grafen von Ostfriesland verheiratet werden, dann wäre Jever ostfriesisch geworden. Aber Graf Enno wollte sie nicht. Und natürlich war Maria darob böse und vermachte ihr Ländchen an den Grafen von Oldenburg. Unfassbar!

Fredag *is Plattdag. Daar snackt, daar proten wi Platt.* Das ist kein Gesetz, aber in weiten Teilen Niederdeutschlands ein Anspruch. Die Idee war schon vor „Friday for future" da, und liegt auf derselben Linie.

Freeske Freeiheid – Friesische Freiheit Ostfriesland schlug im Mittelalter einen Sonderweg ein. Die *Friesische Freiheit* sorgte lange dafür, dass sich kein Feudalsystem bildete. Das änderte sich erst mit der Häuptlingszeit im Verlauf des 14. Jahrhunderts. Zur Zeit Karls des Großen, als Friesland zusammen mit Sachsen ins Frankenreich eingegliedert wurde, gab es auch hier Adlige, Freie und Unfreie. Im Zusammenhang mit dem ➤ *Deichbau* wurde diese Sozialstruktur abgeflacht – es gab nur noch freie Bauern, die ihren Anteil am Deich und am Grund und Boden hatten. Regiert wurden sie (abgesehen vom fernen Kaiser, dem sie aber keine Heerfolge leisten mussten) von Niemandem, außer von sich selbst: Sie wählten in ihren Bezirken jährlich *consules,* friesisch *redjeven*, also *Ratgeber* oder *Richter.* Verboten war es, außer der Kirche, ein festes, also steinernes Haus zu bauen, die Städte durften keine Mauern haben.

So sollte Herrschaft verhindert werden. Vertreter der einzelnen „Länder“, es waren symbolisch sieben, trafen sich jährlich am Dienstag nach Pfingsten am ➤ *Upstalsboom* bei Aurich und besprachen gemeinsame Interessen. Im Laufe der Zeit und der sich verschlechternden äußeren Umstände wurden dann gerne immer wieder dieselben größten Bauern zu Richtern gewählt, und man glitt in eine Art Erblichkeit des Amtes hinein. Diese neuen Herrscher nannten sich *capitaneus* – wörtlich übersetzt ➤ *Häuptling* oder auf Platt *Hoofdling.*

Freeske Taal – Friesische Sprache Von der alten friesischen Sprache sind nur Relikte erhalten. Maron Fort (1938-2019), ein amerikanisch-deutscher Germanist und Frisist) hat sich um das Saterfriesische, das eigentlich „Ostfriesische“, sehr verdient gemacht. Und im 17. Jahrhundert war es ein gewisser Johannes Cadovius-Müller, geboren 1650 in Hamburg, gestorben 1725 in Stedesdorf im Harlingerland, offensichtlich kein Ostfriese, der aber eine Pfarrstelle in Stedesdorf (bei Esens) bekommen hatte und sich brennend interessierte für die damals schon aussterbende friesische Sprache. Er notierte Wörter ➤ *Ei*, Redensarten und das uralte Lied *Buhske di Remmer*. Friesisch ist heute eine geschützte Sprache in Europa.

Freesland – Friesland ist ein kompliziertes Gebilde. *Westfriesland* nennt sich die nördliche, im Frühmittelalter noch von Friesen bewohnte Region der niederländischen Provinz Nordholland. Wir Deutschen nennen aber die niederländische Provinz *Friesland* gerne Westfriesland – im Gegensatz eben zu *Ost*friesland. Übrigens und sehr wichtig: Die Friesen im niederländischen Friesland sind keine Holländer! (So wenig, wie ein Niedersachse ein Bayer ist.) Der Name der im Wattenmeer vorgelagerten *Westfriesischen Inseln* bezieht sich nicht auf die Region Westfriesland, sondern auf die westliche Lage innerhalb der Friesischen Inseln. Zu den *Ostfriesischen Inseln* rechnet man immer auch Wangerooge, obwohl das eine oldenburgische Insel ist. Die ostfriesische Halbinsel wird in Reiseführern und auch unter Geologen als „*Ostfriesland*" gehandelt, politisch ist der Name aber auf den alten Regierungsbezirk Aurich (= vorher die Grafschaft Ostfriesland und Harlingerland) begrenzt. Und gleich östlich daneben liegt der *Landkreis Friesland* mit Jever als Kreissitz. Und *Nordfriesland* gibt es auch noch, das liegt weit oben in Schleswig-Holstein.

Friesennerz ➤ Nerz

fuul – faul oder schmutzig unrein, verdorben; hinterlistig; Harlingerland auch faul, träge – was ansonsten ➤ *lei* heißt.

Fuulpuup hinterlistige (schlaue) Person, Klugscheißer, Naseweis. *Fuulpuup* – ein unschönes Wort. Da steckt ➤ *fuul* drin und *Puup:* Ein leiser Furz oder sogar ein menschliches Exkrement. Zu schlaue Leute scheinen unbeliebt zu sein.
Bemerkenswert dann, dass auch der schöne Wiedehopf *Fuulpuup* oder *Stinkvogel* genannt wird. Es gibt die hochdeutsche Redensart „Er stinkt wie ein Wiedehopf". Weil der Vogel den Kot der Brut nicht entfernt, herrscht in und in der Nähe der Nisthöhle ein oft unerträglicher Gestank, sagte zum Beispiel der „Vater" der Vogelinsel ➤ *Memmert.*

Füür – Feuer ist einfach Feuer, aber auch Eifer, Schwung und Temperament. *Füür in 't Hart gifft Rook in de Kopp.* Feuer im Herzen gibt Rauch im Kopf = Leidenschaft vernebelt den Verstand. – Aber es gilt auch: *De Flamm word leger, dat Füür, dat blifft.* – Die Flamme wird schwächer, das Feuer, das bleibt. = Die Leidenschaft vergeht, doch die Liebe, die bleibt.

Füürschipp – Feuerschiff Feuerschiffe sind sozusagen schwimmende Leuchttürme, weit draußen auf See, wo noch kein Land in Sicht ist, aber eventuell Sandbänke lauern. Berühmt sind die Feuerschiffe *Deutsche Bucht, Elbe 1* und *2* und *3*, die die Einfahrt in die tückische Elbmündung absicherten, sowie Feuerschiff *Borkumriff* vor der Emsmündung. Auf den Feuerschiffen lebte eine ungefähr 15 Mann starke Besatzung meist zwei Wochen lang und wurde dann abgelöst. Inzwischen sind, weil die moderne Technik (GPS, Radar, ...) es erlaubt, alle diese Feuerschiffe eingezogen und durch sehr große Tonnen ersetzt, die fernüberwacht werden. Um sich ein Bild vom Leben an Bord der Schiffe zu machen, ist ein Besuch auf einem Museumsfeuerschiff keine schlechte Idee. Die Möglichkeit dazu gibt es in Wilhelmshaven, Emden und auf Borkum.

Füürtoorn – Leuchtturm Sie weisen den Schiffen seit Jahrtausenden den Weg. Sehr berühmt ist der Leuchtturm von Alexandria, der Überlieferung nach der erste Leuchtturm überhaupt, und bis ins 20. Jahrhundert mit etwa 115 bis 160 Metern der höchste Leuchtturm, der je gebaut wurde. Nach der kleinen Insel Pharos, bei der er stand, wird er seit der Antike auch Pharos von Alexandria genannt.

Westturm Borkum: Dieser Kirchturm war der älteste Leuchtturm an der Ems.

Da es der Gegend an natürlichen Landmarken mangelte, und die rege verkehrenden Schiffe auch nachts ein- und auslaufen mussten, wurde es für nötig befunden, den Eingang des Hafens zu markieren, da er bei mäßiger Sicht kaum gegen den Hintergrund auszumachen war. Ähnliche Verhältnisse herrschen auch an der deutschen Nordseeküste, und so bauten die Emder 1576 an Stelle des Turms der kleinen Borkumer Kirche einen 40 Meter hohen Kirchturm als Tagesmarke für die Schifffahrt, das älteste erhaltene Bauwerk aller Ostfriesischen Inseln. So war die Seefahrt rund um das gefürchtete Borkumriff und die Einfahrt in die Ems ein ganzes Stück sicherer. Das Königreich Hannover (zu dem Ostfriesland seit 1815 gehörte) ließ den Alten Turm 1817 zum *Leuchtturm* mit Öllampen und Parabolspiegeln umbauen. Als er 1879 ausbrannte, errichtete Preußen (Ostfriesland war seit 1866 preußisch) den Neuen Borkumer Leuchtturm.

Füürtoorn – de hoogste in Düütsland Der Leuchtturm Campen ist mit 65,3 Metern der höchste Leuchtturm in Deutschland und gehört zu den höchsten der Welt (Platz 14). Er steht an der Mündung der Ems in die Nordsee, nordwestlich von Emden. Der Leuchtturm wurde 1889 errichtet und 1890 fertiggestellt. Offiziell ging er am 1. Oktober 1891 in Betrieb. Der Leuchtturm kann von Mitte März bis Anfang November besichtigt werden, am Tag des offenen Denkmals auch das Maschinenhaus, in dem dann meistens der Dieselmotor in Betrieb vorgeführt wird. Wer die 320 Stufen bis zur unteren Galerie des Turms aufsteigt, kann an klaren Tagen einen Rundblick über das Wattenmeer bis Borkum, die Emsmündung und über die Krummhörn hinweg bis nach Emden genießen.

Nur wenige Jahre war er im Dienst: Der kleinste deutsche Leuchtturm bei Pilsum. Bekannt durch Otto und beliebt bei Heiratswilligen.

Füürtoorn – de lüttjeste in Düütsland Acht Kilometer nördlich vom „großen Bruder“ bei Campen steht der kleinste Leuchtturm von Deutschland, der Pilsumer Leuchtturm. Auch er wurde im Rahmen des Projekts „Beleuchtung der Unter-Ems“ als eines von fünf Leitfeuern geplant und 1890 fertiggestellt. Er war bis Juni 1915 in Betrieb und wurde im Oktober 1919 endgültig stillgelegt, da sich die Fahrrinne durch Sandablagerungen verändert hatte. Um den Turm kümmerte sich jahrzehntelang niemand, bis 1998 die Deichacht Krummhörn ihn in ihren Besitz nahm und ihn gründlich renovierte. Dabei erhielt er auch seinen jetzigen rot-gelben Farbanstrich. So richtig bekannt wurde der Turm dann durch verschiedene Filme, nicht zuletzt durch „*Otto – der Außerfriesische*“. Man kann dort auch heiraten!

G

Gast Jeder weiß, was ein Gast ist. Aber wie erklärt man es kurz und bündig? Etwa so? „Jemand, der vorübergehend anwesend ist." In Ostfriesland halten sich derzeit viele Menschen vorübergehend auf: Sommerfrischler, Urlauber, Touristen, Leiharbeiter. Dabei stammen die Sommerfrischler aus der Mitte des 19. Jahrhunderts, die Urlauber aus dem 20. Jahrhundert, die Touristen aus dem 21. Die *Gäste* jedoch sind weit über 1000 Jahre alt. Schon im 8. Jahrhundert ist das Wort im Althochdeutschen zum ersten Mal aufgeschrieben und hieß damals *gast*. Wie auch bis heute im Hochdeutschen, Niederdeutschen und Niederländischen. Sehr merkwürdig ist der Beitrag des Lateinischen zu diesem Wort: Der *hostis* war zunächst der *Feind*, später mit Bedeutungswandel dann auch der *Gast* = der Fremde, der des Schutzes bedarf.

Gasthuus – Gasthaus In Deutschland gibt es das Gasthaus, den Gasthof als einfachere Unterkunft und das Hotel. Dieses französische Wort hieß ursprünglich „hostel", aus lateinisch *hostis*. Auch Hospital und Hospiz (christliches Fremdenheim) haben lateinische Wurzeln. Ein *Gasthaus* war im Mittelalter eine Bleibe für die Nacht, ein Unterschlupf für Obdachlose. Die Gäste, denen ein Schlafplatz angeboten wurde, variierten von Landstreichern bis zu Pilgern. Später wurden viele Formen von Gasthäusern geschaffen, von denen die wichtigste die Versorgung von Armen, Kranken und älteren Menschen war. Für die Städte im Mittelalter waren Fremde, die kein Dach über dem Kopf hatten, ein Ärgernis. Diese Obdachlosen waren eine bunte Gesellschaft von außer Kontrolle geratenen Leibeigenen, entkommenen Kriminellen, Menschen, die verbannt worden waren oder in einem Krieg alles verloren hatten. Manchmal gab es auch Pilger, die sich keine bessere Herberge leisten konnten, und

Handwerker, die anderswo keiner Gilde oder Zunft beitreten durften und die kamen, um ihr Glück in der Stadt zu suchen. Die Stadtverwaltung versuchte, diese Fremden loszuwerden, aber das war häufig erfolglos, wenn sich fromme Einwohner um sie kümmerten. Es wurden Almosen verteilt, und barmherzige Bruderschaften gründeten Gasthäuser, in denen „Ausländer" untergebracht werden konnten. Um Reisende zu versorgen, die ankamen, wenn das Stadttoe geschlossen war, wurden auch vor den Toren Gasthäuser eingerichtet. Vor den Toren der Stadt befanden sich auch die Krankenhäuser für ansteckende und psychisch kranke Menschen.

Gatt ist in Norddeutschland die Bezeichnung für ein Loch, eine Öffnung, eine Grube, einen Durchgang. Die Rinnen zwischen den Ostfriesischen Inseln, die in die offene See führen, heißen ➤ *Seegatten*, und die Aussparung im Deich für eine Straße oder eine Zuwegung ist ein ➤ *Diekgatt*.

Geest Die Geest ist eine der ostfriesischen Landschaftsformen, entstanden durch Sandablagerungen in der Eiszeit, während die Marsch erst später entstand durch Ablagerungen der Nordsee oder der Flüsse. Die Marsch ist sehr fruchtbar, deshalb blickten die Marschbauern immer auf die Geestbauern herab, und diese wieder auf die Moorkolonisten, die „Moorhahntjes".

Gekauel ist einfach Rumgerede. *Gesabbel* ist ganz ähnlich: Geschwätz. *Kauelee* ist dasselbe. Und jemand, der viel kauelt, ist ein ➤ *Kauelmoors* oder ein *Sabbelpott* oder *Sabbelbüdel* weil er / sie so viel sabbelt.

Geld „Geld regiert die Welt", so denken viele, die den Zustand der Welt beklagen. In Ostfriesland gibt es dazu diesen

Reim: *Geld, wat stumm is, maakt ➤ klook, wat dumm is, un ➤ liek, wat krumm is.* Mit Geld kann man manches zum eigenen Vorteil verändern.

Gemack Da klingt das deutsche „Gemach" durch. Hier ist aber vor allem an den Raum zu denken, wo auch der Kaiser zu Fuß hingeht. Direkt ausgesprochen: *Schietsgemack, Kackhuus*; vornehmer: *Oftritt, he is ut de ➤ Büx, is na ➤ achtern, in 't Klooster* (= abgeschlossener Raum); verhüllend: *waar is jo beste Kamer, de Gelegenheid, dat Sekreet, jo Hüüsje, Gemack, ik mutt even na Tant Meier:* Wo befindet sich dein / Ihr / euer bestes Zimmer, die Gelegenheit, das geheime / abgesonderte Örtchen, das Häuschen, das Gemach; ich muss eben zu Tante Meier.

Geusen Beim Überreichen einer Petition an die Statthalterin Spaniens in Brüssel fällt der Ausspruch: „Madame, ce ne sont que des geux!" (Madame, das sind doch alles nur Bettler), der die niederländischen Landadeligen meint, die zwar Titel und Einfluss hatten, aber eben kein Geld mehr. Der spanische König Philipp II. hob zwar 1566 die Inquisition auf, entsandte aber 1567 den Herzog von Alba als neuen Statthalter zu einer Strafexpedition in die Niederlande. Alba gelang es auch zunächst, die regionalen Aufstände mit Hilfe von Sondergerichten zu unterdrücken. Es wurden mehr als 6000 Aufständische hingerichtet. Mit seinen rücksichtslosen und willkürlichen Aktionen provozierte Alba jedoch neue Aufstände, die nun die gesamten Niederlande erfassten. Mit der Schlacht von Heiligerlee 1568 begann der Achtzigjährige Krieg zwischen der Republik der Vereinigten Niederlande und Spanien. In dieser ersten Schlacht kämpften 4200 Wassergeusen unter der Führung der Grafen Ludwig und Adolf von Oranien-Nassau gegen 3200 gut ausgebildete

Soldaten des katholisch-spanischen Heeres. Die Geusen siegten, aber Adolf von Oranien-Nassau fiel in diesem Kampf. Nach der Schlacht von Heiligerlee konnten die Geusen unter Ludwig von Nassau-Dillenburg (1538–1574) die Stadt Groningen nicht einnehmen. Nun wurde Ludwig vom Herzog von Alba bis nach Ostfriesland verfolgt und in der Schlacht von Jemgum am 21. Juli 1568 besiegt. Die Kavallerie der spanischen Armee mit einer Stärke von 3000 Mann brachte die Entscheidung. Der Herzog von Alba verlor 100 Männer, Ludwig von Nassau-Dillenburg 7000. Alba ließ alle verwundeten Feinde töten. Ludwig von Nassau-Dillenburg selbst entkam über die Ems. In dieser Zeit rüsteten viele aus Holland geflüchtete Edelleute und Kaufleute Kaperschiffe aus, die auf spanische Schiffe Jagd machten. Die Watteninseln Terschelling und Rottumeroog sowie englische, französische und ostfriesische Nordseehäfen (insbesondere Emden) dienten dabei als Stützpunkte. Wilhelm I. von Oranien (1533–1584), genannt „Wilhelm der Schweiger", verbündete sich mit ihnen und gab den Schiffern Kaperbriefe. Diese Widerstandskämpfer nannten sich nunmehr *Wassergeusen*. 1573 wurde Alba abgelöst. Doch der Befreiungskampf der Niederlande gegen Spanien, der Achtzigjährige Krieg, endete erst 1648. Der Graf von Ostfriesland war heimlich auf Seiten der Spanier, die Stadt Emden unterstützte sehr die aufständischen Niederländer.

Golfstroom – Golfstrom Im Zuge des Klimawandels verändern sich auch Eigenschaften des Nordatlantiks wie Sauerstoff- und Salzgehalt oder die Temperatur – bis in große Tiefen. Doch wird der Golfstrom bald versiegen? Wissenschaftler aus China, den USA und Deutschland stellten fest, dass trotz tiefgreifender Veränderungen die

Zirkulation seit den 1990er Jahren stabil geblieben ist. Der Golfstrom wird oft als Fernheizung Europas bezeichnet. So hätten wir in Ostfriesland milde Winter – wenn die hohe Luftfeuchtigkeit uns nicht das Gefühl von Kälte gäbe. Streng genommen ist der Golfstrom aber nur Teil eines größeren Strömungssystems. Es besteht hauptsächlich aus einem an der Oberfläche nach Norden fließenden Abschnitt, der warm und salzhaltig ist und zu dem der Golfstrom gehört, und einem in der Tiefe des Nordatlantiks nach Süden fließenden Abschnitt, der relativ kalt und salzarm ist. Aber noch können wir uns auf den Golfstrom verlassen.

Gört – Graupen, Grips, Grütze Im Harlingerland *Grunen*: geschälte Gerste, Graupen. Scherzhaft für Gerichte aus Graupen: *Kalvertannen / Kalverkusen*: Kälberzähne. Rasche Auffassungsgabe: *He hett Gört in de Kopp.* Grütze wird aus Buchweizen, Gerste oder Hafer gemacht, indem die Schale entfernt wird. Landesübliche Speisen aus Grütze: *Gört mit Plumen* (Pflaumen), *Plumengört: Wenn wi de Rogg (Roggen) in Huus hebben, gifft 't Plumengört mit Schink.*

Görtsopp; Görtwurst (Wurst aus Grütze, Fleisch- und Speckabfällen vom frisch geschlachteten Schwein); Karmelksbreei: Grütze in Buttermilch gekocht, zum Süßen kann man Sirup nehmen. Aß man früher viel, gibt es auch heute noch fertig zu kaufen.

Granaat – Krabben, Granat Ein merkwürdiges Wort. Das soll plattdeutsch sein? Man denkt doch zunächst mal an den Granatapfel und den Edelstein. Aber es ist wirklich ein ostfriesisches Wort, wenngleich der Anpassungsdruck des Fremdenverkehrs dazu führte, dass diese kleinen Tierchen nun meistens „Krabben“ genannt werden.

So schön rosa sieht der Granat erst aus, wenn er (schon an Bord) gekocht wurde. Vorher ist er eher grau und fast durchscheinend.

Amtlich heißen sie Crangon crangon und sind Garnelen. Der Granat wird von Kuttern gefangen und gleich an Bord gekocht, so verliert er die graue Farbe und wird rosa. An Land muss er dann gepult werden. Früher geschah das in Heimarbeit, aber das ist vielen zu teuer. So wird der Granat mit Kühllastern nach Marokko oder Tunesien gefahren, dort unter Schutzatmosphäre gepult und mit dem Lastwagen zurückgebracht. Das gefällt manchen Leuten nicht so richtig, und so kann man auch frischen Granat kaufen, gepult – oder ungepult, dann werden aus einem Kilogramm 300 Gramm „Krabbenfleisch". Versuche, den Granat maschinell zu pulen, sind bislang noch nicht erfolgreich dokumentiert. Warum heißt die Garnele nun *Granat*? Das Tierchen hat lange „Antennen", die an die Grannen bei der Gerste erinnern. Vielleicht von daher? Der bekannteste hochdeutsche Ausdruck für Granat ist *Krabbe*. Offensichtlich stammt auch dieses Wort aus dem Niederdeutschen, wie leicht an dem Doppel-b zu erkennen ist: Ebbe, Robbe, sabbeln, grabbeln, kribbeln, rubbeln … Und die Krabbe? Sie *krabbelt*! Dabei müssen wir natürlich nicht an den Granat denken, sondern an den Taschenkrebs, der heißt auf Platt wohl auch *Krabbe* oder *grote Krabbe*, aber eigentlich *Dwarsloper* – Querläufer, weil er sich seitwärts fortbewegt.

grau / gries – grau *Dör Fragen word man wies* (weise, klug), *van Oller word man gries.* (van Oller: durchs Alter)

grummeln kann der Donner in der Ferne oder der Magen. Und der Hund, der gar nicht böse knurrt, aber dem andern Rüden so eine Information zukommen lässt.

Grummelschuur Der Grummelschuur (welch poetisches Wort!) ist ein Gewitterschauer. Typisch für Ostfriesland sind ja die meist kurzen Schauer, bei denen es sich kaum lohnt, einen Regenschirm aufzuspannen. (Und bei dem Wind ist ein Schirm sowieso nur zweite Wahl – bestenfalls.)

Gröönkohl – Grünkohl Grünkohl ist in Ostfriesland äußerst beliebt. Zur Winterzeit gibt es keinen Verein ohne offizielles Grünkohlessen mit Pinkel und Speck. Unsere oldenburgischen Nachbarn haben das Grünkohlessen sogar auf die bundespolitische Bühne gebracht. Leider verschwinden durch die industrielle Landwirtschaft immer mehr Sorten. Dagegen arbeitet seit gut zwanzig Jahren der „Grünkohlpapst" Reinhard Lühring an. Er zog und zieht im Frühjahr durch Ostfriesland und entdeckt auf den Äckern immer wieder neue Grünkohlsamenträger. Inzwischen hat er 220 verschiedene Sorten gesammelt, darunter die „Ostfriesische Palme", die bis zu 1,80 Meter hoch wird. Wer Grünkohlsaatgut möchte, kann nach Rhauderfehn fahren oder im Internet „Dreschflegel" aufrufen.

Gulfhof Der *Gulfhof* ist eine Bauernhausform, die im 16. und 17. Jahrhundert in Norddeutschland aufkam, ein Holzgerüstbau in Ständerbauweise. Das Gulfhaus verbreitete sich zunächst in den Marschen und anschließend in den friesischen Geestgebieten. Der Vorgänger des Gulfhauses war das altfriesische Bauernhaus, wie das Gulfhaus gleichfalls ein Wohnstallhaus. Durch verbesserte Entwässerungstechniken mit windgetriebenen ➤ *Wassermühlen* konnten fruchtbare tiefer liegende Marschgebiete trockengelegt und großflächig für Getreideanbau genutzt werden. Zur Bergung der wachsenden Erntemengen wurde ein Haus mit großem Fassungsvermögen nötig, woraus das Gulfhaus entstand. Die Dachlast tragen bei diesem Bautypus nicht die Außenwände, sondern ein innen liegendes Ständerwerk, *dat Stapelwark*. Das typische Gulfhaus besteht aus einem Vorderhaus, *dat Vör-Enn*, das den Wohntrakt darstellt, und dem angrenzenden Stall- und Scheunentrakt, *dat Achterenn*. Hier ist das Dach weit herabgezogen, so entstehen Abseiten, sogenannte *Utkübben*, der Wohntrakt ist damit weniger breit als der Scheunentrakt. Dessen Zentrum bildet der „Gulf“, eine Lagerfläche für Heu, Erntegut und Gerät, dem dieser

Noch gibt es über 120 Gulfhöfe in Ostfriesland: Wenn man die Größe des Gebäudes sieht, ahnt man auch schon die Erhaltungskosten.

Haustyp seinen Namen verdankt. In der einen Abseite befinden sich Abteile zum Einstellen von Rindern, der *Kohstall*. Der davor verlaufende Gang wird als *Kohgang* bezeichnet. Am äußersten Ende befand sich traditionell das Plumpsklo, *dat* ➤ *Gemack*. An der Giebelseite des Scheunentraktes finden sich zwei Türen, ein großes Scheunentor, *de Schüürdöör,* auf der einen Seite und eine kleine, zweigeteilte Tür, *de Messeldöör*, auf der anderen. Letztere erhielt ihren Namen daher, dass durch sie der Mist, *de Mess*, vom Kohgang abtransportiert wurde. Im vorderen, am Giebel gelegenen Teil des Mitteltraktes,war der Pferdestall, *de Peerstall*, untergebracht. Über dem Pferdestall befindet sich ein zusätzlicher Boden, auf dem Heu für die Winterfütterung gelagert werden konnte, außerdem schliefen hier die Knechte und Mägde. Die Dacheindeckung erfolgte traditionell mit roten Dachpfannen, nur der obere Bereich des Scheunentraktes wurde mit Reet ➤ *Reetdach* gedeckt.

Noch gibt es in Ostfriesland zahlreiche Gulfhöfe, aber der Strukturwandel der Landwirtschaft gefährdet den Erhalt. Und so werden sie zu Grundschulen, Sparkassen, Schullandheimen oder Ferienwohnungen umgewidmet.

-hafe, -hove – Hof *-hafe* heißt „Hof", wie im Falle *Marienhafe* (Hof der Maria), nicht ihr Hafen (➤ *Haven*). Weiterhin kennen wir *Burhafe* (Hof einer Bauernschaft), *Engerhafe* (Hof der Leute jenseits der ➤ *Ehe*) – umständlich, aber so wird es wohl sein. Schließlich kennen wir *Resterhafe* (Kirchhof von Reersum) im Harlingerland und leicht abgewandelt *Ihrhove* (Kirchhof von Ihren) im Overledinger Land, südlich von Leer.

Hahn Das Wort Hahn ist eine Substantivbildung zum lateinischen „canere", wir kennen Kantor, Kantate, Chanson usw. Der Hahn ist also der Sänger in der Morgenfrühe. Für seine Wachsamkeit ist er bekannt. „Ehe morgen früh der Hahn kräht, wirst du …" So ist er in Ostfriesland auf fast allen reformierten Kirchen zu finden. Die Lutheraner bevorzugen den ➤ *Schwan*.
De Week fangt good an, see de Hahn, do hau de Buur hum up Maandag de Kopp of. – Die Woche fängt gut an, sagte der Hahn, da schlug ihm der Bauer am Montag den Kopf ab. *Dat was 'n Versehn, see de Hahn, do satt he up 'n Goos.* – Das war ein Versehen, sagte der Hahn, da saß er auf einer Gans. *'n gode Hahn word selten fett.* – Versteht sich. *Een Hahn is Baas over twalv Höhner, un 'n Frau over twalv Keerls.* Ein Hahn ist der Herr (der Boss!) über zwölf Hühner, und eine Frau Herrin über zwölf Männer. *Un waarum steiht d'r jüst 'n Hahn up de Karktoorn un koon Henn?* Warum steht da eigentlich ein Hahn auf dem Kirchturm und keine Henne? – Damit der Küster nicht jeden Morgen das Ei herunterholen muss.

Halvmall *'n Halvmall* ist nicht komplett verrückt, sondern nur zu 50 Prozent. Ein Beispiel für das feinsinnige Vokabular im Plattdeutschen.

Hammerk – Hammrich Bezeichnung für eine ausgestreckte Fläche niedrigen Weide- oder Wiesenlandes, die an der einen Seite von der Geest und an der anderen von der Marsch begrenzt wird und früher ausschließlich als Weide oder für die Heuernte gebraucht wurde. Dieses Niederungsmoor ist im Gegensatz zum Hochmoor nährstoffreich, darum wachsen die dortigen Gewässer (➤ *Meere*) im Laufe der Zeit zu und verschwinden irgendwann, im Gegensatz zum ➤ *Ewigen Meer. Hamm* bedeutet ein umfriedetes Stück Grünland, welches nicht, wie ein *kamp* (➤ *Kösters Kamp*), mit Wällen, sondern mit Gräben abgegrenzt und eingefriedet ist.

Harrijasses! Heerejasses nee! Herejeket! Abgeleitet von „Herr Jesus", ein Ausruf der Verwunderung, des Unwillens, auch des Schmerzes. *H., wat deit dat sehr!* – tut das weh! *H., wat 'n Bliedskupp!* – welche Freude! *H., well harr dat docht!* – wer hätte das gedacht!

-haven Ortsnamen auf *-haven* kannten die Ostfriesen nicht. Wilhelmshaven ist eine preußische Stadtgründung als Kriegshafen am Tiefwasser der Jade, und benannt nach Kaiser Wilhelm, analog zu Cux- und Bremerhaven. Die ostfriesischen Hafenorte heißen oft *-siel*: *Accumersiel, Altensiel, Altfunnixsiel, Bensersiel, Carolinensiel… Greetsiel, Harlesiel, Horumersiel, … Sautelersiel, Sophiensiel, Westeraccumersiel, Zetelersiel* und reichlich mehr. Auch eine ➤ *Muhde* kann ein Hafen sein, und bemerkenswert ist der Ort *Delfzijl* an der Ems, gegenüber von Emden. Da steckt einmal -siel drin, dann aber auch noch ➤ *Delft*, der alte Hafen von Emden, den die Alten *gegraben* haben.

Haven – Hafen Dieses niederdeutsche Wort mit der Bedeutung „Landeplatz für Schiffe" hat sich erst in neuhochdeutscher

Zeit im gesamten deutschen Sprachgebiet durchgesetzt gegen „Schiffslände“ oder „Anfurt“. Englisch „haven“, dänisch „havn“ (København = Koopmannshaven) sind Geschwister, und das französische *Le Havre* und das spanische Habana sind Cousinen des Wortes. Im südlicheren Deutschland ist ein Hafen einfach ein Topf.

he un se – er und sie Gegenwärtig läuft eine Debatte über das *generische Maskulinum*. Also dürften bei der kostenlosen Schülerbeförderung genau genommen nur Knaben mitgenommen werden? Der DUDEN arbeitet daran, dass wir Schüler*Innen schreiben und sprechen sollen. Da sind die Ostfriesen doch besser aufgestellt: Dass ein Junge männlich, eine Kuh weiblich und ein Fahrrad neutral ist, das weiß man. Und doch heißt es in korrektem ostfriesischen Platt. *De Jung is in d' Sloot fallen, ik hebb hum weer ruthaalt* = Der Junge ist in den Graben gefallen, ich habe ihn wieder rausgeholt. *De Koh … – ik hebb hum weer ruthaalt. Dat Rad … – ik hebb hum weer ruthaalt.* Man hört auch schon mal: „Ich hab ihn wieder rausgeholt.“

heel wat Besünners sagen die Ostfriesen, wenn etwas „ganz was Besonderes“ ist.

Heller heißt im westlichen Ostfriesland das Deichvorland, im Osten *Außengroden* oder *Butengroden*. Da dieses Land häufig noch vom Seewasser überspült wird, wachsen dort Pflanzen, die sich dem Salzwasser angepasst haben, wie der Queller. Der Heller schützt den Deich, da das flache Wasser die Kraft der Wellen bricht.

hexen un blaufarven „*Se kann hexen un blaufarven.*“ – Beim Blaufärben erlebt man *das blaue Wunder*! Was da geschieht? ➤ *Blaudruck*.

Hexenverfolgung Dies ist ein ganz furchtbares Kapitel der christlich-abendländischen Geschichte. Auch Ostfriesland blieb nicht frei davon. In Aurich im Jahr 1543 fanden Hexenprozesse in ihrer grausamsten Form statt. Die Folter wurde angewendet, Denunziationen erpresst, 19 Menschen durch die Gräfin Anna und ihre Richter, unter ihnen der berühmte Eggerik Beninga, zum Tode verurteilt und auf dem Scheiterhaufen verbrannt. Die Auricher Hexenprozesse basierten auf Aussagen einer Uphuser „Hexe“, die weitere Frauen aus ihrem Dorf belastete. Eine Beschuldigte wird „peinlich verhört“ (also gefoltert). Ette Houwerda, die für ihre minderjährigen Kinder über die Herrlichkeit Uphusen herrschte, ließ die Gefangene wieder frei, trug aber ihren Söhnen auf, dass sie sich zur Verfügung halten sollte. Die brachten sie nach Suurhusen, wo sie für die Gerichtsbarkeit von Uphusen unerreichbar war. Dort starb sie später. Im Jahr 1564 gab es einen weiteren Hexenprozess in Uphusen, den der Häuptling Eger Houwerda mit der Freilassung der Beschuldigten beendete. Ihr Bruder und ihre Schwäger bürgten für sie. 1565 fand ein weiterer Prozess statt. Die Angeklagte wurde gefoltert, am Ende der Verhöre aber freigelassen. Ihr Vater und drei andere namentlich genannte Männer bürgten für sie. Woanders ging es schlimmer zu, aber das ist überhaupt kein Trost.

hibbelig ist einer, der ziemlich zappelig ist, albern bis lustig – *'n Hibbelbüx*, *'n Hibbelmoors*, Typ Otto Waalkes.

Hoo! Eine mehrdeutige Interjektion, ➤ *Hunnert!*

Hoofdlinge, hovetlinge – Häuptlinge Häuptlinge gibt es nicht nur bei exotischen Völkern, sondern es gab sie auch bei den Ostfriesen. („*Auch so ein exotisches Volk*!“, sagen Sie jetzt. Vielleicht.) In Ostfriesland gab es, anders als fast überall sonst in Europa, im Mittelalter keine zentrale Herrschaft. Bis 1300 konnte sich diese egalitäre Ordnung erhalten. Gegen Ende des 14. Jahrhunderts setzte aber ein fundamentaler Wandel ein: Eine Vielzahl von Krisen führte zu einer Auflösung der öffentlichen Ordnung, den Höhepunkt bildete der Ausbruch der Pest 1349/50. Zudem brachen unter Sturmfluten die während des hohen Mittelalters erbauten Deiche, wodurch die Ley- und Harlebucht sowie der Jadebusen entstanden. Die *hovetlinge* lernten rasch, ihre Autorität nicht mehr vom Willen der Gemeinden abzuleiten, sondern als dynastischen Besitz zu verstehen und zu verteidigen. Um ihre Macht zu festigen, pflegten sie auch die Zusammenarbeit mit den Seeräubern. Bis Hamburg eingriff. ➤ *Störtebeker*.

Hoogwater – Hochwasser bedeutet den Zeitpunkt des höchsten Wasserstandes, danach läuft das Wasser wieder ab, es ist nun also Ebbe – nicht Flut!

Huhn ➤ *Oostfreeske Meew*, ➤ *Hahn* ➤ *Ei*, ➤ *Diekhohner*

Hund Ein Hund heißt auch auf Platt Hund, und er hat dazu natürlich einen Eigennamen. Es gibt fast unendlich viele Sprichwörter und Redensarten über dieses Tier, sowohl in Bezug auf seine Treue wie auch negativ besetzt in Schimpfwörtern. So snackt Ostfriesland an dieser Stelle über einen Hund: In der Gegend von Friedeburg lebte einst ein Priester allein mit seinem Knecht und einem großen Hund. Der Priester schätzte seinen Hund über alles, er hielt das Tier für besonders klug und bedauerte nur, dass er nicht sprechen konnte. Jan, der Knecht, wusste aber Rat. In Aurich gäbe es jemanden, der dem Hund das Sprechen beibringen könne. Der Unterricht dauere etwa zehn Wochen, das Lehrgeld betrüge 20 Taler, wovon die

Hälfte sofort fällig sei, die andere nach erfolgreichem Abschluss. Den Priester dauerte zwar das gute Geld, aber er beauftragte Jan, den Hund nach Aurich zu bringen. Der Knecht machte sich auf den Weg. Als er durch das Moor kam, nahm er seinen Stock, erschlug den Hund und warf ihn in eine Torfkuhle. Dann ging er nach Aurich und brachte dort die zehn Taler durch. Nach seiner Rückkehr berichtete er seinem Herrn, der Hund sei so klug, dass er bereits in vier Wochen sprechen könne. Aber der Priester meinte, man solle es lieber bei zehn Wochen belassen. Als die Zeit um war, machte Jan sich mit den anderen zehn Talern auf den Weg nach Aurich. Er verjuxte das Geld wiederum und kehrte dann zurück. „Du kommst ja allein, konnte der Hund noch nicht sprechen?“, fragte der Priester. „Ach“, sagte Jan, „sprechen konnte er gut, aber er war einfach zu klug. So wie er mich sah, rief er: Guten Tag, Jan, wie sieht's zu Hause aus? Bestiehlt der Küster noch immer die Kirchenkasse, und geht unser Priester noch immer heimlich zur Frau des Küsters? Ich ermahnte ihn zu schweigen und machte, dass ich mit ihm fort kam. Aber als er wieder davon anfing, wurde ich so böse auf ihn, dass ich ihn schließlich erschlagen habe.“ „Das hast du richtig gemacht“, sagte der Priester. Und er gab Jan noch zehn Taler, damit der seinen Mund hielt.

Hunnert Ein Ausruf höchster Anerkennung. „Wie findest du das?“ – „*Hunnert*!“ – 100 ist eine schöne perfekte runde Zahl. So als Antwort auf die Frage „*Wo geiht di 't?*“ – Wie geht's? „*Hunnert*!“ Das ist schon sehr gut. Andere Antworten wären: *'t geiht so. Mutt ja. 't Leven sitt d'r noch in. Kunn beter. Hoo!* Geht so. Muss ja. Das Leben sitzt noch drin. Könnte besser. Und „Hoo!“, ist sehr schillernd. Von „geht gar nicht“ bis „läuft!“ Immer geeignet ist auch: „➤ *Nütschenix*!“

In Oostfreesland is 't an besten heißt es in der ostfriesischen „Nationalhymne". Enno Hektor dichtete das Lied unter dem Titel „Sehnsucht nach der Heimat" an der Ahr, wohin ihn das Schicksal verschlagen hatte. *„Over Freesland geiht d'r nix"*, geht es weiter, wie in so vielen Hymnen. Unsere deutsche Nationalhymne wurde ja auch im „Exil" geschrieben, von Hoffmann von Fallersleben auf Helgoland.

Der Zusammenhang ist aber noch ein größerer: Beide Texte lassen sich nach derselben Melodie singen, und – möglicherweise ist das Ostfriesenlied eine Parodie auf das Deutschlandlied. Darüber aber streiten die Gelehrten.

Indigenat Das *Indigenat* (vom lateinischen *indigena* „Eingeborener") ist ein Rechtstitel auf die Zugehörigkeit zu einem Gemeinwesen. Die Ostfriesische Landschaft verleiht das Indigenat als eine Art Ehrenbürgerwürde an Nicht-Ostfriesen, die sich um Ostfriesland besonders verdient gemacht haben. Diese Personen dürfen sich dann auch Ostfriesin oder Ostfriese nennen. Die Auszeichnung wird bei Bedarf im Rahmen der Feierlichkeiten um den ➤ *Oll Mai* vergeben.

J

Jadebusen Diese gewaltige Bucht ist durch mittelalterliche Sturmfluten entstanden. Mit ihren großen Wassermengen wirkt sie als natürliches Spülbecken, Ebbe und Flut bewegen jeweils mehr als 450 Millionen Kubikmeter Wasser. In einer Sekunde passieren so 26 000 Kubikmeter Wasser die nur fünf Kilometer enge Öffnung zwischen Wilhelmshaven und Eckwarderhörne. So liegt Wilhelmshaven günstig am tiefen Wasser. Vor 1000 Jahren gab es den Jadebusen noch nicht, es war ein Moorgebiet. Große Landverluste gab es im Westen durch die Antoniflut 1511. Als das Jeverland an Oldenburg gefallen war (➤ *Fräulein Maria*), konnten die Oldenburger Grafen dieses Gebiet nur über Ostfriesland erreichen, deshalb bauten sie einen Damm durch das Schwarze Brack. Dadurch wurde der ostfriesische Hafen Neustadtgödens, der sich zu einem bedeutenden Handelsort entwickelt hatte, von der See abgetrennt. Erst durch Verhandlungen vor dem Reichskammergericht konnten der oldenburgischen Seite Zugeständnisse, die die weitere Entwicklung des Ortes begünstigten, abgerungen werden. Die Einwohner wandten sich nach dem Bau des Dammes nun vor allem dem Handel und der Weberei zu. Für das Bleichen der gewebten Stoffe wurden am Rande des Ortes größere Bleichwiesen (die Bleichen) geschaffen.

Jeekett (-nee)! ➤ **Harrijasses**

Jöden – Juden Die Geschichte der Juden in Ostfriesland seit den Anfängen im 16. Jahrhundert ist außergewöhnlich. Während des späten Mittelalters und der frühen Neuzeit war Ostfriesland das einzige Gebiet in Nordwestdeutschland, in dem Juden geduldet wurden.

Wann genau sich die ersten Juden in Ostfriesland niederließen, ist unbekannt. Der Legende nach sollen die ersten Juden von Ocko I. tom Brook in Ostfriesland angesiedelt worden sein. Dieser hielt sich in den 1370er Jahren in Italien auf. Dort soll er mit Juden in Kontakt getreten sein, damit diese sich in Ostfriesland niederließen.

Tatsächlich bestanden Verbindungen zwischen Friesen und Juden außerhalb Frieslands schon sehr früh. So stellten Juden und Friesen in Speyer im hohen Mittelalter die Mehrzahl der Fernkaufleute, wobei beide Gruppen ihre Sitze in der Kaufleutesiedlung vor der Dom-Immunität hatten.

Den Juden in Ostfriesland war es wie überall verboten, als Handwerker oder Bauern zu arbeiten, weshalb sie meist als Händler oder Schlachter tätig waren. Dies führte dazu, dass Märkte ohne jüdische Händler, Schlachter und Viehhändler undenkbar waren, obwohl der Anteil der Juden an der ostfriesischen Bevölkerung nur ein Prozent betrug. Die meisten Juden in Ostfriesland lebten in einfachen oder durchschnittlichen Verhältnissen und meist gutnachbarlich zusammen. Dazu passt auch diese schöne Geschichte: Levy und Fanny Schönberg, die Großeltern der legendären Marx-Brothers, stammen aus Dornum. Levy war lange Jahre Bauchredner, später Regenschirmmacher, Fanny war Jodlerin.

Levy zog regelmäßig über Land. Nach der Geburt eines Sohnes ging er zu einem Bauern, um für seine Frau Milch zu holen. Auf dem Hof traf er Martha, eine Magd, beim Melken an. Levy trat an den Kopf der Kuh, wobei er mit dem Bauch sprach: ➤ *Harrijasses, Martha, wat hest du för kolle Fingers!* Martha sah die Kuh erschrocken an und lief mit dem entsetzten Aufschrei: *De Koh kann proten*! ins Haus.

Jödenkark Jödenkark war die plattdeutsche Bezeichnung für die Synagoge. Eine prachtvolle Synagoge stand in Emden. Außer in Emden gab es Synagogen in Aurich, Bunde, Dornum, Esens, Jemgum, Leer, Neustadtgödens, Norden, Norderney, Weener und Wittmund. Die Synagogen in Aurich, Emden, Leer, Norden und Weener wurden am 9. November 1938 unwiederbringlich zerstört. Das Jemgumer Gebäude war schon längst baufällig gewesen. Aus der Ruine in Esens wurde unter anderem eine Garage – es soll neuerdings aber ein Konzept zur Rekonstruktion geben. Die Gebäude in Wittmund, Norderney und Bunde wurden im Sommer 1938 an christliche Privatleute verkauft und umgewidmet. Die kleine Synagoge in Dornum erwarb am 7. November 1938 ein Tischler und nutzte sie als Warenlager, so blieb sie erhalten.

Die ehemalige Synagoge in Neustadtgödens ist weitgehend im Originalzustand erhalten. Da die Zahl ihrer Männer für den Gottesdienst nicht mehr ausreichte, gab die Gemeinde am 15. März 1936 die Synagoge auf. Danach ging das Gebäude in Privatbesitz über und überstand so die Novemberpogrome 1938. Seit dem 10. Juli 2015 ist das Gebäude als *Erinnerungsort ehemalige Synagoge in Neustadtgödens* wieder für die Öffentlichkeit zugänglich.

Jödenstraat – Judenstraße in Emden Die heutige Max-Windmüller-Straße, zwischenzeitlich vom 28. März 1933 bis 1998 „Webergildestraße“, ist identisch mit der früheren Judenstraße. Hier siedelten sich bereits um 1530 zahlreiche aschkenasische Juden an und bildeten schließlich die erste ostfriesische Synagogengemeinde, die Teil der religiösen und konfessionellen Vielfalt Emdens war. In der ersten Hälfte des 17. Jahrhunderts gehörte die Emder Gemeinde zu den größten und kulturell bedeutendsten im norddeutschen Raum.

Max Windmüller, geboren am 7. Februar 1920 in Emden – ermordet am 21. April 1945 in der Oberpfalz, war ein deutscher Widerstandskämpfer gegen den Nationalsozialismus. Nachdem er mit seinen Eltern wegen ihrer jüdischen Herkunft vor den Nationalsozialisten in die Niederlande hatte fliehen müssen, schloss er sich dort der Gruppe Westerweel an und rettete persönlich etwa 100 jüdischen Kindern und Jugendlichen das Leben, die gesamte Gruppe Westerweel rettete 393 Juden. Im Juli 1944 wurde ein geheimes Treffen in Paris von der Gestapo entdeckt. Windmüller und andere Mitglieder des jüdischen Widerstands wurden verhaftet, verhört, gefoltert und im Lager Drancy inhaftiert. Kurz vor der Befreiung des Lagers durch alliierte Truppen wurde Windmüller mit dem letzten Transport aus dem besetzten Frankreich in das KZ Buchenwald deportiert. Am 21. April 1945 wurde er auf einem Todesmarsch von einem SS-Angehörigen erschossen. In Emden sind die ehemalige Judenstraße und ein Gymnasium nach ihm benannt.

Juist = güst Die Juister selber nennen ihre „schöne Sandbank" ➤ *Töverland*. Das Wort *juist* ist mit „unfruchtbar" zu übersetzen. Verwandt mit „➤ *Geest*". Auch diese Landschaft war bis in die Moderne sehr karg.

Kabuff Ein kleiner, enger Raum, in dem oft Sachen aufbewahrt werden, die man vielleicht auch besser gleich wegwerfen könnte. „Schlimmer“ steht es noch um das Spitzdach, und da um den Dachwinkel, die Abseite. Plattdeutsch *de Öök*, meist im Plural *de Öken*. Nutzlos. Vergessen Sie es sofort!

kalfatern Kalfatern ist eine Tätigkeit beim Schiffbau oder einer Reparatur, bei der die Nähte zwischen den hölzernen Schiffsplanken mit Dichtmaterialien wie Werg (Fasern von Flachs oder Hanf) oder Baumwolle abgedichtet und mit Dichtstoffen wie Pech oder anderen, gummiartigen Produkten zur Außenseite abgeschlossen werden. Das Werg beziehungsweise die Baumwolle wird mit dem *Kalfateisen* unter Gebrauch eines *Kalfathammers* in die Nähte geschlagen. Durch das Aufquellen des Wergs im Wasser hat man dichte Nähte.

Kamp Ein von Wällen oder Gräben oder sonstwie eingefriedetes Feldstück. Eine Besonderheit ist ➤ *Kösters Kamp*.

Karmelksbreei – Buttermilchbrei Ein Art Suppe aus Buttermilch und Graupen, warm oder kalt zu genießen, wenn man das mag, und mit Sirup kann man den Brei süßen. Früher oft und gern gegessen, heute noch im Kühlregal einiger Lebensmittelmärkte zu finden. Einfach mal probieren!

Katt *'n Katt* ist natürlich eine Katze, dazu gehört ein *Kater*, und wohl auch süße kleine *Kattjes*. *Laat de Katt lopen, Melk gifft he doch neet!* Lass die Katze laufen, Milch gibt sie doch nicht! = Gib den Plan auf, es kommt nichts dabei heraus.

Kattrepel Ein Straßenname, zum Beispiel in Greetsiel. Es handelt sich um abgelegene Straßen, wo früher übel beleumdete Menschen wohnten. *„He wohnt in de Kattrepel“*, heißt also, dass man von ihm keine Lebensart und gute Sitte erwarten kann. Das Wort setzt sich zusammen aus „Katt“ und „Repel“. *Repel* ist ein großer Kamm mit scharfen Zähnen zum Abraufen der Samenknoten beim Flachs. *Kattrepel* hieße dann Katzenraufe: Ein Instrument, um Katzen zu striegeln, dann aber übertragen auf den Ort, wo sich Katzen raufen.

keiern ist ein richtig schönes Wort für „spazieren“ – oder noch schöner: „lustwandeln“. Der Spazierweg oder die Promenade ist dann der *Keierpadd*.

kentern (seemännisch:) Ein Wasserfahrzeug kann umschlagen = kentern. Bei Kielschiffen verhindert der ➤ *Kiel* das Kentern, da sein Gewicht das Boot wieder aufrichtet. Boote ohne Kiel bleiben durch ihre Breite einigermaßen stabil aufrecht, das nennt man Formstabilität, bei zu starkem Wind oder Wellengang besteht aber große Gefahr zu kentern. Man sagt aber auch: *„Die Tide kentert“*, wenn der höchste bzw. niedrigste Wasserstand erreicht ist und das Wasser in die Gegenrichtung strömt. Das ist für Bootsfahrten auf der Ems zum Beispiel von großer Bedeutung, weil starker Wind gegen den Strom recht bald gefährlich werden kann.

Kibbeling Kibbeling bezeichnet ein niederländisches Fischgericht, das auch in norddeutschen Küstenorten gerne verkauft wird. *Kibbeling* hatte früher eine umfassende Bedeutung als Sammelname für verschiedene minderwertige Teile vom gesalzenen Kabeljau. Heute wird das Wort vor allem gebraucht für „in mundgerechte Stücke geschnittener panierter und frittierter Kabeljau oder Seelachs". Serviert werden die Fischwürfel meist mit Knoblauchdip oder einer Remouladensauce, wie beispielsweise Joppiesauce, häufig auch mit Pommes frites. Kibbeling wird in den Niederlanden an vielen Imbissbuden angeboten, und mehr und mehr auch hier bei uns.

Kiel In Schleswig-Holstein ginge es um die Landeshauptstadt, nicht aber in Ostfriesland. Ein *Kiel* ist hier erst einmal ein Holzklotz, ein Keil. Andererseits gibt es auch den Federkiel, der auf Platt *Goospenn* oder *Goosfeer* heißt (Goos = Gans), also nicht Kiel. In erster Linie ist ein Kiel der wichtigste, mittschiffs im Boden angebrachte Längsverband eines Schiffes oder Bootes. Der Kiel ist somit das Rückgrat des Schiffes. An ihm sind die quer stabilisierenden Spanten angebracht. An seinen Enden geht der Kiel in die Steven über. Neben der Stabilisierung des Rumpfes dient er auch der Erhöhung der Kursstabilität und – vor allem bei Segelfahrzeugen – der Verringerung der seitlichen ➤ *Abdrift* und verhindert durch sein beträchtliches Eigengewicht (1/3 des Gesamtgewichtes) das ➤ *Kentern* des Bootes. Das Problem ist im Wattenmeer dann eher der Tiefgang. 2,30 Meter geben ein großes Gefühl von Sicherheit beim Segeln, aber das Borkumer Wattfahrwasser ➤ *Watt* als Beispiel ist bei ➤ *Hoogwater – Hochwasser* gerade einmal 1,40 Meter tief. Darum haben Segelboote in flachen Gewässern oft ein aufholbares *Schwert*.

Kinnertöön Kinnertöön oder auch *Sienbohnensopp* ist ein traditionelles Getränk bei Geburt eines Kindes. Es handelt sich dabei um mit Branntwein aufgesetzte Rosinen, vorzugsweise mit viel Kandis gesüßt und darum auch bei den Besucherinnen sehr beliebt. Die stillende Mutter sollte nicht zu viel davon trinken. („Töön" heißt hier übrigens nicht „Zehe" – das wäre „Töhn", sondern kommt vom ziemlich veralteten Wort „tönen" = zeigen, vorzeigen. ➤ *Töönbank*.

Klaasohm Das ist das höchste Fest auf Borkum und nichts für Fremde. Man weiß nur wenig darüber. Dieses Wenige ist: Der Name „*Klaasohm*" bedeutet Onkel Nikolaus. Das Klaasohmfest wird in der Nacht vom 5. auf den 6. Dezember gefeiert. In der Zeit, als von Borkum aus noch Walfang betrieben wurde, waren die Männer meist monatelang auf hoher See unterwegs und kehrten Anfang Dezember für die Winterpause heim. Der Ritus soll aus der „Rückeroberung" der Insel von den Frauen hervorgegangen sein. Sie sollten sich nun wieder den heimgekehrten Männern unterordnen.

In der Nikolausnacht gehen sechs als „Klaasohm" verkleidete junge Männer vom *Verein Borkumer Jungens* um – jeweils zwei kleine, mittlere und große sowie ein weiterer in der Rolle des *Wiefke*, ein als Frau verkleideter junger Mann, der sich besonders wild gebärdet. Die Klaasohms tragen bis zu einem Meter hohe, tonnenförmige Helme, die mit Schafspelz bezogen, und mit Federn und Möwenflügeln beklebt sind. Neben kleinen Augenöffnungen besitzen die Helme auch eine Trinköffnung. Das Kuhhorn, mit dem die Klaasohms ausgerüstet sind, wird dazu benutzt, jungen Frauen aufs Hinterteil zu schlagen. Da der Klaasohm selbst wenig sieht, hat er jeweils einen Führer, der ihm den richtigen Weg weist, und mehrere Fänger, die ihm helfen, die jungen Frauen einzufangen. Der Umzug der Klaasohms, bei dem auch Alkohol im Spiel sein soll, endet traditionell auf einem Platz in der Ortsmitte, dort befindet sich eine Litfasssäule, von der sich zum Abschluss des Festes alle „Klaasohms" sowie zuletzt das „Wiefke" in die unten versammelte Menschenmenge stürzen, wo sie stets von vielen Armen aufgefangen werden.

klabastern polternd gehen, geräuschvoll laufen, galoppieren; klappern, lärmen.

Klabautermann Dieser seit der ersten Hälfte des 19.Jahrhunderts bezeugte niederdeutsche Ausdruck für einen Schiffskobold gehört wahrscheinlich zu dem Verb ➤ *„kalfatern"*, seemännisch für „abdichten". Es kann aber auch der Einfluss von plattdeutsch *„klabastern"* (polternd gehen, laufen; klappern, lärmen) vorliegen. Der Klabautermann klopfte gegen die Schiffswand, um die Ausbesserung der schadhaften hölzernen Schiffswände anzumahnen – oder den Untergang des Schiffes anzukündigen. Dann ging er rechtzeitig von Bord.

Klappe ist die Abkürzung von *Klappbrücke*: Uphuser Klappe, Petkumer Klappe.
Es ist aber auch eine Verschlussvorrichtung: *De Klappe van de Muusfall is toslaan, daar sitt seker wat in.* (Die Klappe der Mausefalle ist zugeschlagen, da sitzt sicher was drin.) Es kann auch ein ➤ Bett sein. Und schließlich: Der Mund. *Wat hest du 'n groten Klappe!* Der Mund kann aber auch *Beck* heißen. *Holl dien Beck!* – Halt die Klappe!

Klock ist eine Bezeichnung für die Uhr, außerdem ist *Klock* eine Glocke oder auch nur der Glockenschlag der Uhr. Daher: *'t is Klock negen* = es ist neun Uhr. Siehe auch ➤ *Ühr.* Und jetzt ein lösbares Rätsel: *Ik arm Wiev mutt alltied stahn, geen Foten hebb 'k un mutt doch gahn, geen Hannen hebb ' un mutt doch slaan, dat hebb 'k al völe Jahren daan.* Ich armes Weib muss immer stehn, hab keine Füße um zu gehn, hab keine Hände, muss doch schlagen, das hab ich viele Jahr getragen (getan).

Das ostfriesische Wort für Kandisbrocken hat sich zum Markennamen entwickelt

Kluntje – Kandis In eine Tasse kräftigen ostfriesischen Tee gehört ein dicker Kluntje. Oder heutzutage auch ein kleiner! Es gibt extra „Lüttje Kluntjes" zu kaufen.
Was sind Kluntjes eigentlich? Kandiszucker! Ursprünglich stammt Kandiszucker aus Persien und Indien. Der Name Kandis leitet sich vom arabischen Wort für Rohrzucker („quand") ab. (*Kluntje* dagegen bedeutet schlicht „Klümpchen"). Vereinfacht betrachtet besteht Kandiszucker eigentlich aus nichts anderem als aus großen Zuckerkristallen. Damit diese Kristalle wachsen, wird eine hochkonzentrierte Zuckerlösung in großen Behältern erhitzt. Bis die Kristalle eine Größe von 18 bis 24 Millimetern erreicht haben, können bis zu drei Wochen vergehen. Früher kaufte man den Kandis, der noch an Fäden hing, lose beim Kaufmann, der die entsprechende Menge Kluntjes abkniff und darum auch *Kluntjeknieper* hieß.

klütern Wiederum ein Wort mit Doppelsinn: Einerseits ist das eine dilettantische Beschäftigung (*He hollt sük an leevsten mit Klüteree up.* – Er beschäftigt sich am liebsten mit Klüterkram.) Andererseits ist *klütern* auch eine Beschäftigung mit kleinen und feinen Arbeiten. *Wenn d'r wat kött is, he kann 't all weer torecht klütern.* – Wenn etwas kaputt ist, er kann alles wieder reparieren. – Und schön ist schließlich dieses Sprichwort: *An junge Frooen* (Frauen) *un olle Schepen* (Schiffe) *is alltied* (immer) *wat to klütern.*

Klüütje, Mehlpüüt, Puffert sind fast dasselbe, nämlich eine leckere Mehlspeise, aber im Sprachgebrauch nicht klar zu trennen. Ein *Klüütje* ist eigentlich ein Kloß, hier ein Hefekloß, den kann man in einem Tuch über ein Wasserbad hängen und garen, in Stücke schneiden und mit warmer Vanillesoße übergießen: Lecker! Dieses Gericht heißt auch *Mehlpüüt* oder *Mehlbüdel* – weil es im Beutel gegart wird. *Puffert* besteht aus demselben Teig, zubereitet in einer Springform, die rundherum mit Speck ausgelegt wurde und obendrauf auch noch Speck, und dann knusprig gebacken: Mindestens so lecker. Dazu warme Vanillesoße und / oder eingemachte Birnen im eigenen Saft ... hmm!

knieperg, gitzig, grannig, naterg, sühnig ... – geizig Es gibt offensichtlich viele Wörter für den Geiz. Im Unterschied zur Sparsamkeit der armen Leute, der Landarbeiter, der Geestbauern, der Moorkolonisten, die gezwungenermaßen ➤ *sühnig*, also sparsam lebten, wusste man von den Reichen, dass sie noch „*en Deit an leevsten middendör bieten*" (die kleinste Münze am liebsten noch mittendurch beißen, um nicht zu viel zu bezahlen).
Ein bekannter Spruch: „*He is van Kniephusen un Hollfast*" – Er ist geizig und hält am Geld fest. Wörtlich: Von Geizhausen und Haltefest. – Witzig wird das erst, wenn man weiß, dass die Familie *von Inn- und Knyphausen* in Lütetsburge ein uraltes Adelsgeschlecht ist. Ob die aber wirklich so geizig sind, das wollen wir nicht glauben.

Knoten Entfernungen werden auf See nicht in Kilometern, sondern in Seemeilen angegeben. Denn am seitlichen Rand einer jeden Seekarte kann man die Seemeilen unmittelbar ablesen. Der Begriff *Knoten* hat in der Schifffahrt zwei Bedeutungen, eine seemännische und eine nautische. Seemännisch versteht man darunter die allseits bekannten Seemannsknoten. Nautisch bedeutet Knoten die Geschwindigkeit in Seemeilen pro Stunde. Wobei eine Seemeile 1,852 Kilometern entspricht.

Der Begriff *Knoten* stammt aus der frühen christlichen Seefahrt, als die Geschwindigkeit mit einem Handlog gemessen wurde. In eine lange Leine (Logleine) waren in regelmäßigen Abständen Knoten gesteckt und an ihrem Ende war ein bleibeschwertes Holzbrett (Logscheit) in Form eines Viertelkreises befestigt. Vom fahrenden Schiff aus ins Wasser geworfen blieb es nahezu an derselben Stelle liegen. Weil es damals auch noch keine seetauglichen Uhren gab, musste die Zeit mit einer Sanduhr gemessen werden. Bei voller Sanduhr wurde das Logscheit über Bord geworfen. Während die Sanduhr leerlief, zählte man die Knoten auf der abspulenden Logleine. Die Knoten waren in einem solchen Abstand auf die Logleine gesteckt, dass die Anzahl der gezählten Knoten die Geschwindigkeit in Seemeilen pro Stunde ergab.

Kobbe (gesprochen „Korb“) ist der Name der Silbermöwe.

Koffieshops gibt es in Ostfriesland nicht, trotz der Nähe zu den Niederlanden, aber eine ganze Reihe Teehandlungen. Dazu mehr unter ➤*Tee.* Koffieshops im niederländischen Sinne, also Cannabisläden, sind in Deutschland gesetzlich verboten.

Koffje ist Kaffee, die Alternative zum Tee. Und so ist die *Koffjenöös* die Schwester der *Teenöös*, der Kaffee- oder Teeliebhaber*Innen.

Kögel – Kogel Im Hochdeutschen kann ein Kogel eine Bergspitze sein oder auch ein veraltetes, in einigen oberdeutschen Gegenden (südlich der Mainlinie) aber noch übliches Wort für eine Art Kopfputz von kugelförmiger Gestalt. Im Niederdeutschen ist ein Kögel (auch veraltet) eine Papierlaterne, doch die Kinder singen zu ➤ *Martini* immer noch: *Kipp-kapp-kögel, Sünnermartens Vögel, Sünnermartens dicke Buuk, steckt sien Neers to 't Fenster ut.* Im evangelischen Ostfriesland wird der Geburtstag von Martin Luther am Abend des 10. November gefeiert (➤ *Martini*), nicht der Tag des katholischen Heiligen St. Martin (*Sünnermarten*).

Kohjen – Kühe Kühe sind für Ostfriesland typisch. Ein schäbiger Ostfriesenwitz lautet: „Woran sieht man, dass man in Ostfriesland ist?" – Wenn die Kühe schöner als die Mädchen sind!" – Stimmt natürlich nicht, aber die Kühe sind schon schön.

Ein paar Beispiele: *Tarona* von Familie Tammen, Blersum, wurde die erste und bis jetzt einzige deutsche Weltsiegerkuh im Jahr 2000, gewann mehrfach auf Bundes- und Verbandsschauen (1995 – 2005). Die Kuh *Krista* aus der Zucht von Jörn Wedermann, Tettens, war zweimalige Bundessiegerin und internationale Schausiegerin sowie auch Hauptdarstellerin des Kinofilms „Die schöne Krista" (2014). Das Zuchtrind *Imke* aus Berumerfehn wurde 2013 und 2018 „Miss Ostfriesland" sowie Siegerfärse der DHV-Schau (Deutscher Holstein Verband) 2011 in Oldenburg und nahm 2013 erfolgreich an der Europa-Schau in Fribourg teil. Und das Zuchtrind *Island* vom selben Betrieb in Berumerfehn schaffte als erste Kuh die Titelverteidigung auf der Excellent-Schau des Vereins Ostfriesischer Stammviehzüchter VOST. Sie wurde 2015 und 2016 zur „Miss Ostfriesland" gewählt.

Die schönste Ostfriesin? Tarona von der Familie Tammen wurde im Jahr 2 000 erste deutsche Weltsiegerkuh.

Kohl ➤ *Buuskohl* ➤ *Gröönkohl*

Koje (Seemannssprache / plattdeutsch) wird die Schlafstelle auf Schiffen genannt. Wird auch an Land gebraucht: *He liggt noch in de Koje.*

Kokermöhlen In Ostfriesland ein seltener Mühlentyp, die einzig übrig gebliebene Mühle dieser Art steht im Gewerbegebiet Riepster Hammrich (A 31 Abfahrt Riepe). Auf einem Schleifkranz oder Smeerring (= Schmierring) ruht ein sich nach oben verjüngendes hölzernes Gehäuse, das die waagerechte Flügelwelle und die Flügel trägt. In dem Gehäuse befindet sich in einem runden, senkrecht nach unten laufenden Schacht, dem Köcher oder *Koker*, die Antriebswelle, die wiederum über ein Kammrad eine Archimedische Schraube bewegt. In den Wind gedreht werden die Flügel mit dem ➤ *Steert.*

Koppke Wir kennen das englische *cup* für Tasse, wir wissen vom Europa-Cup, und wir erkennen -ke und -je als Verkleinerungsform. Ein Koppke ist also ein kleiner Becher, eine kleine Tasse. 'n *Tasse* Tee hört man auch wohl, aber korrekt trinkt man *dree Koppkes* Tee. Oder 'n *Tass(e)* ➤ *Koffje* – Bei Kaffee darf es auch ein *Beker* sein oder ein *Muckje*. Die Nähe zum englischen mug ist deutlich.

Kopppien Bei den drei P hintereinander könnte man durchaus Kopfschmerzen bekommen, und das ist auch die Wortbedeutung. *Pien* („Pein" heißt Schmerzen).

Kösters Kamp Früher durfte der Küster seine Kühe auf dem Friedhof weiden lassen. Die Grabstätten waren mit einem Stein oder auch mit einer metallenen Tafel versehen, waren ansonsten aber mit Gras bewachsen und die Anlage mit einer Mauer umgeben, deshalb *Kamp*. Ansonsten heißt der Friedhof meistens *Karkhoff*, auch wenn er heute oft nicht mehr um die Kirche herum gelegen ist..

Krabbe ➤ *Granaat*

Kreier sind Schlickschlitten. Der Fischer im Wattenmeer besuchte damit bei Niedrigwasser (➤ *Leegwater*) seine Stellnetze (➤ *Fuken*). Dazu setzte er ein Knie auf den Kreier, mit dem anderen Bein drückte er den Schlitten vorwärts. S. auch ➤ *Schlickschlittenrennen.*

Krimi-Autoren Beeindruckend, wie viele Krimi-Autoren Ostfriesland entdeckt haben. Der Wegbereiter des Ostfrieslandkrimis war zweifelsohne Hansjörg Martin. Er gilt als Erfinder des Regionalkrimis. Nach dem Zweiten Weltkrieg hatte es ihn nach Norderney und Norden verschlagen, hier war er tätig als Rezitator, Nachhilfelehrer, Tanzlehrer, Clown, Journalist und Maler. So entwarf er für die Firma Doornkaat ein neues Etikett. Er schrieb dann über 30 Romane, bekannt sind vor allem „Gefährliche Neugier", „Kein Schnaps für Tamara", „Einer fehlt beim Kurkonzert" und „Bei Westwind hört man keinen Schuss". Da geht es um eine Schnapsbrennerei, um einen Mord auf Langeoog und um Ereignisse auf einer Vogelinsel.
Nach Hansjörg Martin trat 1982 Theodor Reisdorf mit einer Reihe Ostfrieslandkrimis auf, nicht so anerkannt wie Martin, aber gleichfalls sehr erfolgreich. Nennen sollte man an dieser Stelle dann wohl die erfolgreichen Autoren und Autorinnen Sven Koch, Christiane Franke & Cornelia Kuhnert, Peter Gerdes, Sandra Lüpkes, Barbara Wendelken und Elke Bergsma.
Unangefochtener Star ist der Ostfriesen-Krimi-Autor Klaus-Peter Wolf. Kaum ist ein neuer Krimi erschienen, steht er schon auf Platz eins der Bestsellerliste.

Krinthstuut Ein *Stuut* ist ein Weißbrot, ein kleines Weißbrot, also ein *Stuutje*, ist ein Brötchen. Im Bäckerladen oft auch als „Normale" oder „Harte" verlangt. Aber ein *Krinthstuut* ist nicht ein einfaches Rosinenbrot, sondern muss eigentlich Korinthen enthalten. Leckerer, aber auch teurer: Korinthen wurden nach der griechischen Hafenstadt Korinth benannt. Es handelt sich um eine sehr kleine Rosinenart, die durch ihre violett-schwarze Farbe hervorsticht. Auch ihr Geschmack ist kräftiger als der von Sultaninen oder Rosinen.

Kruiden *Kruiden* (ostfriesisch und niederländisch „Kräuter") ausgesprochen [Krüden], ist ein Kräuterbitter, der von verschiedenen Herstellern in Leer hergestellt wird. Der mit Naturkräutern hergestellte Kruiden mit 32 Vol.-Prozent erfreut sich im ostfriesischen und auch im gesamten nordwestdeutschen Raum vor allem vor und nach schwerem und üppigem Essen beispielsweise aus der ostfriesischen Küche großer Beliebtheit. Der Genuss vermittelt eine angenehme Auswirkung auf die Verdauung. – Kritiker bestreiten diese Wirkung. Ausprobieren!

Kumme ist der norddeutsche Ausdruck für Schüssel.

Kurre Baumkurren bzw. Kurren sind spezielle beutelartige Grundschleppnetze für den Fang von Nordseegarnelen und Plattfischen (z. B. Schollen oder Seezungen) im Wattenmeer. Eine 9,5 Meter lange Spiere, der sogenannte *Kurrbaum*, hält die Öffnung des Netzes unter Wasser offen. Über kufenartige Schuhe zieht der Fisch- oder Krabbenkutter das Netz über den Meeresboden. Die Kurre löst beim Gleiten über den Meeresgrund Erschütterungen aus. Dadurch schrecken die Krabben

Ein Krabbenkutter mit dem Fanggeschirr im Ruhezustand. Im Einsatz schleift die Metallstange über den Meeresboden.

und Plattfische vom Boden auf und können so vom Netz erfasst werden. Das Netz wird nach oben offen gehalten durch eine Reihe von Korkstücken.
Der WWF und Greenpeace kritisieren am Fischfang mit Baumkurren zum einen den hohen Energieverbrauch, der zum Schleppen notwendig ist, zum anderen die hohe Belastung des Meeresbodens und seiner Bewohner durch die Rollen und Kufen und den erheblichen „Beifang“ – Fische, die nicht brauchbar sind, zum Beispiel viel zu klein, werden dann einfach über Bord geworfen und sind leichte Beute für die Möwen.

Küste – „costa granata“ Es verwundert schon ein bisschen, dass dieses Wort (Küste) kein niederdeutsches, nicht einmal ein germanisches ist. Es kommt aus dem Lateinischen: „costa“. So kennt es heute jeder Spanienurlauber. Und wir Ostfriesen benutzen das Wort auch, wenn wir unsere Küste scherzhaft „costa granata“ nennen. Costa kam über die Niederlande zu uns, und die haben es von den Franzosen erhalten. Dort hieß es *côte* und bedeutete zunächst „Rippe, Seite, Abhang“. Wir Deutschen haben das Wort auch in der Verkleinerungsform übernommen: Kotelett. Richtig heimisch ist die Küste im Plattdeutschen nicht geworden. Man sagt stattdessen *„de faste Wall“* oder *„dat Över“* – das Ufer. Jedoch soll folgender (hochdeutscher) Satz auch nicht verschwiegen werden – ein erheblicher Eingriff in die Schöpfungsgeschichte: *Gott schuf das Meer, der Friese die Küste.* Das nennt man wohl Selbstbewusstsein.

Kuus – Backenzahn Die *Kusen* sind vor allem die Backenzähne. Die anderen heißen *Tannen.* Oder im Osten *Tähnen. Kuuskellen* sind Zahnschmerzen. Und der Zahnarzt ist ein *Kusendokter* oder *Kusentrecker*. Die Zahnbürste dagegen *Tannenbössel.*

L

Labskaus Ein wunderbares Seemannsessen. Ich nehme zweieinhalb Kilo mehlig kochende Kartoffeln, koche sie mit den Gewürzen Pfeffer, Piment, Lorbeerblättern, Nelken, Menge je nach Geschmack. In der Pfanne wird ein Kilo Pökelfleisch oder Corned Beef gebraten mit viel Zwiebeln und gesäuert mit Essig und Rotebetesaft (dieser dient auch zur Färbung, das Labskaus sieht dann schön rosa aus). Gewürze möglichst aus den Kartoffeln suchen, diese dann mit dem Fleisch mischen. Beigabe: Pro Person ein Spiegelei oder zwei, Rote Bete, Gewürzgurken, wer mag nimmt auch noch ein Matjesfilet. (Auf keinen Fall den kleingeschnittenen Matjes in das Labskaus mengen!) – Hmmh!

lange Vokale Kein Problem beim *Proten* und *Snacken*, eventuell aber beim Lesen und Schreiben. Im Hochdeutschen werden Längen a) gar nicht angezeigt: Wal, Hut, Obst; b) durch ein Dehnungs-h gekennzeichnet: Wahl, Stuhl, Ohr; c) durch ein Dehnungs-e bezeichnet: Kiel, Spiel, Soest; und dann gibt es noch ein paar Sonderfälle wie das Dehnungs-c in Mecklenburg. In betonten „offenen" Silben ist der Vokal sowieso lang: Ha-se, Ho-se. Das Letztere gilt auch fürs Plattdeutsche. Nur dass wir in Ostfriesland Beispiel Straße *„de Straten"* schreiben, aber *„de Straat"*, *de Klöör* – die Farbe, aber „de Klören", „vööl" – viel, aber „völe Jahren" – viele Jahre. Da haben wir gleich ein zweites Prinzip: Das hochdeutsche Dehnungs-h bleibt erhalten, da so das Lesen erleichtert wird. *Good* – gut, *Blood* – Blut, *Schaap* – Schaf haben Doppelvokale, die bei Verlängerung wegfallen: *gode Mann! – he mutt düchtig bloden, – de Schapen up de Diek.* Ausnahmen gibt es auch, aber nur sehr wenige: *ok* ist lang und heißt „auch". Der Artikel „ein" wird *en* geschrieben und ist lang. Dagegen das Zahlwort „eins": een. Und die Vorsilbe *ut-* ist gleichfalls lang und hat nur ein u. Sieht besser aus.

Larrelt *liggt midden in de Warreld,* so eine alte Weisheit. Larrelt liegt mitten in der Welt, genau wie zum Beispiel China, das Reich der Mitte. Oder Rom, wohin alle Wege führen. Oder denken wir an Greenwich, wo der nullte Längengrad genau durch das Planetarium führt. Larrelt lag in früheren Zeiten direkt an der Ems und war ein Hafen, der zeitweise sogar Emden Konkurrenz machte wegen der besseren Lage am tieferen Wasser. Seit gut 100 Jahren ist Larrelt aber von der Ems abgeschnitten. Jetzt hat Larrelt dafür ein VW-Werk. Richtig berühmt könnte der Ort aber wegen des Tympanons sein, das sich früher über der Kirchentür befand. Das Jüngste Gericht, Engel, die Apostel oder Christus von Heiligen begleitet – das sind bevorzugte Motive. An deutschen Türbogenfeldern treten figürliche Darstellungen erst um 1230 mit dem Übergang von der Romanik zur Gotik auf. Und ➤ *heel wat Besünners:* Das zirka 800 Jahre alte Türbogenfeld der ersten Larrelter Kirche aus dem 12. Jahrhundert ist wahrscheinlich das älteste Bild-Schrift-Selbstzeugnis eines mittelalterlichen Bauherrn in Deutschland. An der Kirche ist allerdings nur die Kopie vorhanden, das geschützte Original ist im Ostfriesischen Landesmuseum in Emden zu sehen.

latiensche Scholen – Lateinschulen 1529 machte Graf Enno II. kurz nach seinem Regierungsantritt die Absicht bekannt, in Norden und in Emden jeweils eine Lateinschule zu errichten. Es dauerte allerdings noch weitere 30 Jahre bis Graf Edzard II. 1567 diese Pläne verwirklichte und in Norden eine Lateinschule gründete. Edzard war 1564 zum Grafen von Ostfriesland ernannt worden, und er benötigte natürlich gut ausgebildete Beamte. Norden war der Hauptsitz der Grafenfamilie Cirksena, Emden die neue Hauptstadt. So ist anzunehmen, dass Edzard etwa zu gleicher Zeit wie in Norden auch eine Lateinschule in Emden zu gründen beabsichtigte. Eine erste – indirekte – schriftliche Erwähnung findet sich aber erst für 1583, wo eine *Schoolstrate* genannt wird. Das deutet aber stark darauf hin, dass es dort seit längerem eine Schule gab, und das kann ohne Zweifel nur die Lateinschule gewesen sein.

Lautverschiebung, die zweite Davon snackt Ostfriesland nicht. Warum auch? Die hochdeutsche, sogenannte 2. Lautverschiebung haben die Niederdeutschen nicht mitgemacht, genau so wenig wie die anderen germanischen Sprachen. Es ist ein bis heute nicht wirklich erklärbares Phänomen. Der Wandel lief grob gesehen so ab: p ➤ f oder ➤ pf; t ➤ s oder ➤ ts = z; k ➤ ch, d ➤ t; (engl.) th ➤ d.

Hier einige Beispiele:
nd. *slapen*, engl. *sleep* ➤ *schlafen*
nd. *Schipp*, engl. *ship* ➤ *Schiff*
nd. *Peper*, engl. *pepper* ➤ *Pfeffer*
nd. *Ploog*, engl. *plough* ➤ *Pflug*
nd. *scharp*, engl. *sharp* ➤ *scharf*
nd. *dat, wat, eten*, engl. *that, what, eat* ➤ *das, was, essen*
nd. *Tied*, ndl. *tijd* ➤ *Zeit*
nd. *tellen*, engl. *tell* ➤ *zählen*
nd. *ik*, ndl. *ik* ➤ *ich*
nd. *maken*, engl. *make* ➤ *machen*
nd. *Dag*, engl. *day* ➤ *Tag*
nd., ndl. *Vader*, engl. father ➤ *Vater*
engl. *thorn, thistle, brother* ➤ *Dorn, Distel, Bruder*

Leckerbeck, Leckersnuut ein Leckermaul, ein Feinschmecker. Ein guter Name für ein gutes Restaurant.

Lee ➤ *Luv*

leeg hat viele Bedeutungen, je nachdem: *heikel, leer, nichtswürdig, niedrig, niederträchtig, schlaff, schlecht, schlimm, tief, unbewohnt. Leegwater* = Niedrigwasser. *De Buddel is leeg* = die Flasche ist leer. *'n heel lege Keerl* = ein ganz gemeiner Kerl. Und ein *Leegloper* ist ein Müßiggänger, Eckensteher, Nichtsnutz.

Leegwater Das ablaufende Wasser ist die ➤ *Ebbe*, der Zeitpunkt des niedrigsten heißt aber Niedrigwasser.

Leevke Liebling, Liebchen. Steigerung: *mien Leevste.* Und das Gänseblümchen heißt *Maileevke* oder *Marleevke.*

lei – arbeitsscheu, faul, träge *He is so lei as 'n Flint.* = faul wie ein Feldstein. *He mag sien egen Sweet neet ruken.* = mag seinen eigenen Schweiß nicht riechen. *'t spiet hum, dat he lopen leert hett.* = Es tut ihm leid, dass er laufen gelernt hat.

Leiwams Zusammengesetzt aus *lei* „faul" und *Wams.* bedeutet dasselbe wie *Fuuljack* oder *Fuulwams*: Faulpelz.

Leverke – Lerche – Man unterscheidet die Feldlerche (*Leverke*, auch Pieper oder Grashüpper), die Haubenlerche (*Topp-Leverke*) und die Heidelerche (*Boomleverke*). Sie sind in ihrem Bestand durch die intensive Landwirtschaft gefährdet, früher auch durch die Jagd auf diese Vögel. Noch gegen Ende des 19. Jahrhunderts wurden allein im nördlichen Deutschland viele Millionen Lerchen gefangen. *Eine Lerche im Herbst, wenn sie sich mit wildem Knoblauch gemästet habe, sei zart, gesund und delicat,* so Johann Christian Reil in seinem Buch „Diaetetischer Hausarzt für meine Landsleute" Aurich 1787. Als *Leverke* wurde früher auch eine

Taschenflasche mit Branntwein, ein „Flachmann“ bezeichnet. Vermutlich ein Wortspiel mit „leev“ = lieb. So entspricht die Taschenbuddel dem Liebchen. Schade!

liek heißt „gleich“ oder „gerade“. *De Straat geht alltied liek ut* = Die Straße geht immer geradeaus. *Liek as 'n Piel:* Gerade wie ein Pfeil = kerzengerade. *Dat hebben / hebbt wi liek mitnanner deelt:* Das haben wir gleichmäßig, gerecht miteinander geteilt.

Likedeler So nannten sich Störtebeker und seine Gesellen, da sie ihre Beute *„liek deelten“* – gleich (und gerecht) teilten: Jeder Seemann bekam einen Teil der Beute, der Kapitän zwei Teile.

Limerick *Wat hett 'n Limerick denn groot mit Oostfreesland to kriegen?* Zunächst einmal: Nichts! Aber dieser Limerick dann doch:
Ich traf einen Fremden in Emden,
der kaufte im Kaufhof sich Hemden,
getreu nach dem Motto:
Ich kauf nichts bei OTTO.
Das muss doch in Emden befremden.
Wir danken an dieser Stelle Michael Hüttenberger, Darmstadt.

Lögenbankje In jedem Hafen muss es eine Sitzbank geben, bei der sich die alten Seebären treffen und ihr Garn spinnen. Diese Geschichten sind natürlich alle wahr, zumindest im Großen und Ganzen, und warum diese Bank denn nun *Lögenbankje* heißt ... ist mir keineswegs klar.

Logger Nach dem Niedergang der Ostsee-Heringsfischerei Ende des Mittelalters verlagerte sich die Fischerei und Salzheringsproduktion in die Nordsee. Dabei ent-

Eine Gemeinschaft von Freunden der Seefahrt pflegt den Logger AE7 im Emder Delft – ehrenamtlich.

wickelten die Holländer eine Fernfischerei mit seetüchtigen Schiffen, den ➤ *Buisen.* Der Hering wurde an Bord geschlachtet, gesalzen und in Fässer verpackt. Der Logger, ein schnelles Fangschiff der französischen Kanalfischer, revolutionierte und veränderte ab 1857 entscheidend die bisherige holländische Heringsfischerei mit den vergleichsweise schwerfälligen und plumpen ➤ *Buisen.* Die Logger waren 17 Meter lang und fünfeinhalb Meter breit, mit einem Tiefgang von zweieinhalb Metern. Die Besegelung bestand aus einem Großsegel und einem ➤ *Besansegel,* jeweils als ➤ *Gaffelsegel,* dazu als Vorsegel die ➤ *Fock* und ein ➤ *Klüver.* Im Emder Delft liegt der Heringslogger AE 7 „Stadt Emden". Siehe auch ➤ *Matjes*

Luv & Lee In der Seefahrt gibt es verschiedene Möglichkeiten und Notwendigkeiten, die Seiten zu bezeichnen. Natürlich *rechts* und *links*. Aber da geht es schon los: „Du hast da links eine Nudel im Gesicht kleben." Vom Betrachter oder vom Betrachteten aus „links"? Backbord und Steuerbord: Immer bezogen auf das Schiff. Steuerbord ist die rechte Schiffsseite und bleibt das, auch wenn ich vom Bug zum Heck gehe. Und auch die Steuerbordseite des Fahrwassers ist und bleibt die Steuerbordseite, egal, wie wir fahren. Und wird grün markiert, Backbord rot.

Und dann gibt es noch Luv und Lee. Luv ist da, wo die *Luft* herkommt (primitiv, aber gut zu merken), Lee ist da, wo es *leer* ist. Nun ist Luv bestimmt die vornehmere Seite (genau wie Steuerbord), aber wenn man seekrank ist, sollte man unbedingt die Leeseite wählen zum Möwenfüttern. Falls man das falsch macht, kann es unangenehm werden. Aber auch hier: ➤ *Doon deit lehren*. Unangenehm, bei Starkwind oder Sturm sogar gefährlich ist es, eine Küste oder Sandbänke in Lee zu haben. Viele Wracks könnten davon erzählen.

M Eine ostfriesische Hafenstadt mit nur einem Buchstaben – und dann ausgerechnet ein Konsonant! Absolut selten sind aber Ortsnamen mit nur einem Buchstaben nicht: Norwegen beispielsweise besitzt gleich sieben Ortschaften mit dem Namen *Å*, wobei *Å* auf den Lofoten dank seines Stockfischmuseums wohl der „berühmteste" Ort sein mag. Viel interessanter ist vielleicht *U*: Ein Dorf auf der mikronesischen Insel Pohnpei, berühmt für den Pahntakai-Wasserfall (30 Meter) und seine Strände – wie aus dem Südsee-Bilderbuch. Derlei Attraktionen hat *Y*, ein 94-Seelen-Kaff in der Picardie, nicht zu bieten. Einziges nennenswertes Highlight dort ist das Ein-Buchstaben-Ortsschild, das immer wieder gern gestohlen wird. Das Gegenstück zu M und den andern Orten ist das walisische Dorf, mit vollständigem Namen Llanfairpwllgwyngyllgogerychwyrndrobwllllantysiliogogogoch heißt, von den Walisern meistens nur *Llanfair* („*St. Mary's*") genannt, die Engländer sagen hingegen schlicht *Gogogoch*.

Stadtansicht von Emden, der bedeutendsten Stadt Ostfrieslands. Gedruckt in Köln 1576 (Braun & Hogenberg)

Der Name bedeutet „Marienkirche *(Llanfair)* in einer Mulde *(pwll)* weißer Haseln *(gwyn gyll)* in der Nähe *(ger)* des schnellen Wirbels *(y chwyrn drobwll)* und der Thysiliokirche *(llantysilio)* bei der roten Höhle (gogo goch)" und wird ausgesprochen [ˌɬan.ˈvair.puɬ.ˌgwɪn. gəɬ.go.ˌge.rɪ.ˌχwɪrn.ˌ dro.buɬ.ˌɬan. tə.ˈsi.lio.ˌgo.go.ˈgoːχ]. Wenn 's hilft: [ɬ] ist ein stimmloses L mit hörbarer Reibung an den Zungenseiten, der Laut soll angeblich in etwa beim Wort *Atlas* zu hören sein ... [χ] klingt wie deutsches ch nach a, o, u. Einfacher ist es bei M. – M spricht man hochdeutsch *Emden* aus, die Stadt hieß ursprünglich *Amuthon* oder *Emuthon*, wie auf alten Münzen zu lesen, und bedeutet „der Ort, wo die Aa oder Ee in der Nähe des Dollarts in die Ems mündet".

Mädchen *Mädchen* gibt es natürlich auch in Ostfriesland, obwohl sie heutzutage auch hier eher als Teenager oder Kids auftreten. Eigentlich aber werden sie *Wichter* genannt. *Wicht* klingt ein wenig abschätzig nach *Wichtelmännchen*, daran ist aber keineswegs gedacht. In *Wicht* stecken Wörter wie *wichtig* oder *Ge-Wicht*! Ein freundlicher Satz: *„Dat is 'n Wicht, as wenn 't ut Ei pellt is*!" Im Harlinger Land heißt ein Mädchen auch *Deern* oder *Foon*. Deern oder Dirn ist auch im Hochdeutschen verbreitet, *Foon* ist ein altes friesisches Wort, als *Farn* heute noch in Nordfriesland bekannt. Äußerst problematisch ist der Spruch: *„Gosen na Wiehnachten, Appels na Fasselavend, Wichter over dartig hebben de Smaak verloren*." – „Gänse nach Weihnachten, Äpfel nach Fastnacht und Mädchen über dreißig haben an Geschmack verloren."

Malaria ➤ *Darde-Dags-Kolle*

mall (Aussprache: [marl] verrückt. S. auch ➤ *Halvmall.*

Mallmöhlen auch Maimöhlen: das Karussell. Mallmöhlen, weil es sich wie verrückt dreht oder verrückten Leuten Freude bereitet

Marienhafe – Pilgerort und Seeräubernest Der Ortsname Marienhafe – plattdeutsch *„Mainhaaf"* – klingt ein bisschen nach Hafen, und man weiß ja auch, dass der berühmte ➤ *Störtebeker* seine Schiffe unten am Kirchturm festgemacht hat (die Ringe sind noch vorhanden). So weit, so gut. Tatsächlich hieß der Ort *curia sancte Marie* (= *Hof der heiligen Maria, Marienhof*).

Die evangelisch-lutherische Marienkirche in Marienhafe war bis zu ihrem Teilabbruch im Jahre 1829 der bedeutendste Sakralbau Ostfrieslands. Lange Zeit war der Turm der Kirche ein bedeutendes Seezeichen. Die Leybucht reichte bis unmittelbar an das Gebäude heran. Später war die Kirche über das *Störtebekertief* mit der Nordsee verbunden.

Von 1396 bis 1400 fand der Seeräuber Klaus ➤ *Störtebeker* Unterschlupf in Marienhafe. Er soll in dieser Zeit im Kirchturm gewohnt haben. Und seit 1996 fanden alle zwei Jahre im Sommer auf dem Marktplatz *Störtebekerfestspiele* statt, diese Serie endete leider 2014. Jetzt müssen Sie dafür nach Rügen fahren. So hat die Marienkirche in Marienhafe um 1400 vielleicht ausgesehen, als Störtebeker hier mit den Likedelern lebte:

Die Kirche von Marienhafe, noch am Wasser liegend. Im Turm wohnte zeitweise Störtebeker.

Martini Im evangelischen Ostfriesland wird der Geburtstag von Martin Luther am Abend des 10. November gefeiert, nicht der Tag des katholischen Heiligen Sankt Martin (*Sünnermarten*).

Da werden von den (kleineren) Kindern Martinilieder gesungen und sie bekommen kleine Gaben. Ein bekanntes Lied ist „Martinus Luther war ein Christ“, während das Lied vom Heiligen Martin leichtes Erstaunen auslöst. Beliebt sind aber vor allem bei den Erwachsenen plattdeutsche Lieder wie *„Mien lüttje Lateern“*. Auch dieses alte Lied wird gerne gesungen, offenbar ohne den Text genau zu verstehen (wie es bei vielen Liedern so ist): *Kipp-kapp-kögel, Sünnermartens Vögel, Sünnermartens dicke Buuk, steckt sien Neers to ’t Fenster ut. Kipp-kapp-kögel* ist ein hübscher Klang, dass mit Kögel eine runde Laterne gemeint ist (vielleicht eine ausgehöhlte Rübe), weiß wohl fast niemand mehr. *Sünnermarten* ist Sankt Martin, sein *Vögel* sein Vogel, die Martinsgans. Die Geistlichen wurden früher oft verspottet wegen ihrer Körperfülle: *sien dicke Buuk*. Und der letzte Vers hat es in sich: ... *steckt sien Neers to ’t Fenster ut. – Steckt seinen Hintern* zum Fenster hinaus. Eine Freude für jedes Kind!

Marx Brothers Die Vorfahren der berühmten Marx-Brothers stammen aus Ostfriesland, aus Dornum. Ihr Großvater Levy Schönberg wurde dort 1823 geboren und war als Bauchredner und Regenschirmmacher tätig. Er heiratete Fanny Salomons und das Paar bekam mehrere Kinder, darunter die Tochter Miene. Die Schönbergs waren miserable Schausteller, er wie gesagt Bauchredner (und Weiberheld), sie spielte Harfe und jodelte. Sie wanderten, da ihr Geschäft nicht so recht florierte, um 1880 ins „Land der unbegrenzten Möglichkeiten“ aus und ließen

Die Marx-Brothers (von oben nach unten): Chico, Harpo, Groucho und Zeppo. Foto von 1931

sich in New York nieder. In New York allerdings war der Bedarf an deutschsprachigen Bauchrednern noch geringer als in Ostfriesland. Tochter Miene – jetzt Minnie – heiratete 1884 Simon Samuel Marx, genannt „Frenchie", da seine Familie aus dem Elsass stammte. In New York nannte er sich Sam Marx. Von den gemeinsamen Söhnen entwickelten Leonhard (Chico – der Weiberheld), Adolph/Arthur (Harpo – der Harfenspieler) und Julius (Groucho – der Grantler) eigenständige, unvergessliche Figuren. Bekannte und sehenswerte Filme: „Die Marx Brothers im Krieg" und „Eine Nacht in Casablanca", eine Parodie auf „Casablanca" mit Humphrey Bogart.

Matjes Der Matjeshering ist der junge noch nicht geschlechtsreife Hering. Das Wort soll sich vom niederländischen *meisje* = Mädchen herleiten. *Matjes mit ruge Tuffels un gröne ➤ Bohnen, dat is wat Leckers.* – Matjes mit Pellkartoffeln und grünen Bohnen – das ist was Leckeres. ➤ *Buise,* ➤ *Logger,* ➤ *Heringsfischerei,* ➤ *Emder Matjes.*

Max und Moritz Man kann überall etwas dazulernen. Auch wenn die beiden „bösen Buben“ von Wilhelm Busch nicht so sehr dafür stehen.

Fangen wir an: Im Niederdeutschen sind die Fälle zusammengefallen. Klingt kompliziert. Also „mir und mich“, „dir und dich“ lauten gleich, in Ostfriesland und genauso im Nordniedersächsischen heißt es *mi* und *di*. *Geev mi dat Book*! – Gib mir das Buch. Und: *Ik seh di*! – Ich sehe dich! – Alles klar?

Im Schlusswort bei „Max und Moritz“ aber lesen wir: *Und der brave Bauersmann sagte: Wat geiht meck dat an?* Müsste er nicht sagen: Wat geiht *mi* dat an? Ja, müsste er. Hier bei uns, im nordniedersächsischen Bereich. Wilhelm Busch sein Platt (Busch sein Platt … superschöne plattdeutsche Formulierung) aber ist das Ostfälische. Inzwischen leider sehr zurückgegangen. Schade. Wilhelm Busch dagegen ist immer noch bekannt und beliebt. Und er wiederum liebte Ostfriesland. Auf Borkum dichtete er für seine Tante Hermine die Legende von der Erfindung des ➤ *Doornkaats.*

Meer oder See „*Das Fräulein stand am Meere*“, dichtete Heinrich Heine 1832 auf der Marienhöhe auf Norderney. Gut, er wusste es nicht besser oder machte sich einen Spaß daraus. *Das Fräulein stand an der See.* Das salzige Wasser ist die *See*. Die Binnengewässer heißen bei den Friesen *Meer*. Gut zu sehen an der *Zuiderzee* in den Niederlanden, seit der Eindeichung am 28. Mai 1932, wurde die Zuiderzee vom Wattenmeer getrennt und war nur drei Jahre später ein Süßwassergewässer, gespeist vom Fluss IJssel, daher der Name IJsselmeer. Bei den Niederländern geht das konsequent durch: *Bodenmeer* und *Middelsee*. Bei uns Deutschen nicht. Seemann und Seefahrt, aber Meeresbiologe, Steinhuder Meer und Nordpolarmeer. Nun, ich gebe zu: *Wattenmeer* ist ein Grenzfall: Waddensee!?

Meester, Baas *Ein Meister ist ein Meester* oder ein *Baas.* Ein ostfriesischer Lehrer dagegen ist ein *Mester.* Es ist noch kein Meister vom Himmel gefallen – Übung macht den Meister: *Doon deit lehren.*

Mehlpüüt ist ziemlich genau so eine Mehlspeise wie ➤ *Klüütje* und ➤ *Puffert.*

Melanie Schulte Die *Melanie Schulte* war ein Stückgutfrachter, der nur wenige Wochen nach seiner Indienststellung aus bis dato nicht endgültig geklärter Ursache im Nordatlantik unterging. Die *Melanie Schulte* entstand auf der Werft „Nordseewerke" in Emden. Beim Stapellauf des Schiffes am 9. September lief der Frachter nicht von der Helling, sondern blieb über mehrere Stunden auf der Ablaufbahn stecken. Ihre Indienststellung am 9. November 1952 führte die *Melanie Schulte* an die Ostküste Québecs. Am 13. Dezember 1952 setzte sie ihre Fahrt nach Narvik fort und legte am Abend des 17. Dezember dort wieder ab. Der vorletzte Funkspruch des Schiffes wurde vier Tage nach dem Auslaufen nachmittags um 14.40 Uhr abgesetzt. In ihm teilte der Kapitän mit, dass er sich zirka 90 Seemeilen nordwestlich der Insel Lewis in den Äußeren Hebriden befinde. Am Heiligabend ließ Reeder Heinrich Schulte mittags seinen drei auf See befindlichen Schiffen über

Der aufgefundene Rettungsring der „Melanie Schulte"– mehr blieb nicht übrig

➤ *Norddeich Radio* Weihnachtsgrüße übermitteln. Als der Reeder am Ersten Weihnachtsfeiertag erneut keine Reaktion bekam, begann eine Suchaktion nach dem Schiff. Gewissheit über den Untergang der *Melanie Schulte* gab es erst Wochen später, als am 17. Februar an der Westküste der Hebriden-Insel Benbecula ein Rettungsring gefunden wurde, der den Namen des Emder Frachters trug. Der Ring hängt jetzt in der Kapelle des Emder Seemannsheims.

Mellum Mellum ist eine relativ junge Düneninsel in der Nordsee, östlich von Horumersiel und Schillig. Sie ist erst im letzten Viertel des 19. Jahrhunderts auf der Wattwasserscheide zwischen Jade und Weser entstanden. Als Zeitpunkt der „Entdeckung" der Insel gilt das Jahr 1903. Mellum ist eine von drei unbewohnten Inseln im Nationalpark Niedersächsisches Wattenmeer. Ob Mellum zu den Ostfriesischen Inseln zählt, ist umstritten, da die Insel östlich von Wangerooge und der Außenjade liegt.

Memmert Diese Vogelinsel ist eine der „verbotenen Inseln" vor der ostfriesischen Küste. Genau wie Lüttje Hörn, ➤ *Mellum* oder die Kachelotplate darf Memmert nicht betreten werden.

Zwischen Memmert und Juist entsteht vielleicht gerade eine neue Insel, noch ist es eine Sandbank, die Kachelotplate.

Mennoniten sind in gewisser Weise Nachfahren der Täuferbewegung. Der aus den Niederlanden geflüchtete Menno Simons gründete die Freikirche 1530 in Emden. Kennzeichen sind die Erwachsenentaufe und der absolute Pazifismus. Deshalb wurden sie immer wieder unter Druck gesetzt und suchten neue Heimaten: Ostpreußen, Russland, Kanada, Uruguay. Sie sprachen natürlich die jeweilige Landessprache, aber immer auch ihre alte Sprache Plautdietsch. Diese Variante des Plattdeutschen ist heute die einzige niederdeutsche Mundart, deren Sprecherzahl wächst.

Menno Simons, Begründer der Glaubensgemeinschaft der Mennoniten. Radierung von Christoffel van Sichem, um 1605

Mester der Schulmeister, der Lehrer. Die Lehrerin: de Mesterske.

Miegamel *Mieghamel, Miegamer, Mieghamer, Miegeemke, Miegheemke, Mieger, Miegerke, Miegelke, Miere* sowie *Pissebülte* – ein Gewimmel wie in einem Ameisenhaufen, und genau darum handelt es sich: um die Ameise. Und die Benennung *Pissebülte* verrät auch, was *miegen* ist: harnen, pissen, urinieren. Denn die Ameisen verspritzen bei Gefahr einen scharfen Saft. Der Ameisenhaufen ist ein Miegamelbült oder Pissbült. – *Waar 'n Pissbült is, daar is keen Stee to sitten*: Ein Ameisenhaufen ist keine Stelle, wo man gut sitzt.

Miendientje „Miendientje“ war 2010 das plattdeutsche Wort des Jahres, ausgewählt in Mecklenburg-Vorpommern, der Ausdruck ist aber eigentlich eine ostfriesische Erfindung. Wenn man im Supermarkt in der Warteschlange an der Kasse steht und seine Artikel auf das Förderband legt, möchte man die Frau vor einem gerne um das „Ding“ bitten, das ich zwischen meine und ihre Waren legen möchte. Nur: Wie heißt das „Ding“? Warentrennstab?? – Es trennt ja *meine* von *deinen* Gütern – *mien van dien Goodje* – da bietet sich doch *Miendientje* förmlich an. Sachlich richtig, unbürokratisch und freundlich im Klang.

Mobieltje sagen die Niederländer zum Handy. In Ostfriesland ist das Mobieltje beliebter und vor allem besser angesehen als der „Ackersnacker“. Denn dieses Wort trägt genau zum Klischee bei „Platt ist doch so lustig!“

Moin *Moin* ist ein in Norddeutschland weit verbreiteter Gruß, den man zumindest in Ostfriesland den ganzen Tag verwendet. „Moin“ sagt man aber auch im Süden Dänemarks (in Nordschleswig), in Luxemburg, in den nordöstlichen Niederlanden – also im Groninger Land, wo ➤ *Nedersaksisch* gesprochen wird, sehr verwandt mit dem ostfriesischen Niederdeutsch, dort heißt es *moi.*
Das Wort *Moin* taucht 1924 im „Ostfreesland-Kalender“ auf. Dieser Hauskalender wird oft als erster schriftlicher Beleg für den *Moin*-Gruß gewertet. Schriftliche Spuren reichen aber weiter zurück: Nach Abtretung Nordschleswigs 1920 an Dänemark wurde im Land ein *Mojn-Verbot* gefordert; noch in den 1960er-Jahren hieß es dort im süddänischen Dialekt Sønderjysk: „Mojn er forbojn“ („Moin ist verboten“). Der Gruß selbst sei – nach

dieser Quelle – um 1900 als Kurzgruß *Morgen* in den Norden Schleswig-Holsteins durch Handwerker, Händler und Wehrpflichtige aus Berlin importiert worden. In der Schreibweise *Meun* verwendete der Schriftsteller Gorch Fock das Wort zu Beginn des 20. Jahrhunderts in mehreren seiner Werke. Der ostfriesische „Nationaldichter" *Enno Hektor* kennt *Moin* offensichtlich nicht – in seinen Theaterstücken um Harm Düllwuttel grüßt man sich *Goden Dag, Gun Mörgen* oder *Gun Mörn.*

1886 und 1887 griffen dänischsprachige Werke bereits eine These von Schuchardt auf – *Über die Lautgesetze* – , dass es sich bei *Moin* um eine Verkürzung eines Gutenmorgengrußes handelt. In eine ähnliche Richtung zielt ein Autor, der 1889 in der „Gartenlaube" schrieb: „Studenten und jüngere Offiziere haben das Vorrecht, den abgekürzten Gruß ‚Guten Morgen' noch zu verkürzen und zu allen Tages- und Nachtzeiten einander ihr ‚Moi'n! Moi'n!' zuzurufen."

Für das an Ostfriesland angrenzende Ammerland (wo Oldenburger Platt, nicht Ostfriesisches Platt gesprochen wird) liegt ein Beleg aus dem Jahre 1888 vor, in dem *Moin* als Verkürzung des *Guten-Morgen*-Grußes dargestellt wird. Noch früher, nämlich 1828, sind *Moin* und *Moin! – Moin!* im *Berliner Conversations-Blatt für Poesie, Literatur und Kritik* (als Gruß unter Offizieren) zu finden. Auch in diesem Text wird *Moin!* mit *Morgen!* erklärt.

Das würde dann bedeuten, dass *Moin* tatsächlich nicht von den Friesen stammt und von *mooi* („schön") abgeleitet ist, so leid es mir tut. Die Existenz des Grußwortes *Moin* ist im Deutschen Reich und darüber hinaus (Dänemark, Schweiz, Luxemburg!) seit offenbar knapp 200 Jahren nachweisbar. Eine plattdeutsche bzw. friesische Herkunft, wonach es von *mooi* „angenehm, gut, schön" käme, wird zwar vielfach angenommen, so auch vom *Niedersächsischen Wörterbuch*, wahrscheinlicher ist aber doch wohl eine direkte Herkunft aus *Guten Morgen* (bzw. *Morjen*). Die großen ostfriesischen Wörterbücher *Stürenburg* 1859 und *Doornkaat- Koolman* 1869 kennen das Wort noch nicht. Also scheint es tatsächlich so zu sein: Preußische Soldaten brachten den Gruß nach Ostfriesland, und das Wort haben wir gekapert. Und den Bedeutungshorizont erheblich erweitert. Und den friesischen Aspekt nicht in Abrede gestellt. Und ... der Erfolg gibt uns Recht!

mooi schön, hübsch, geputzt, rein : *mooi Weer* – gutes Wetter; *mooi Wicht*, schönes Mädchen, *Mooiproter* – Schönredner; *'t is nargends mojer* – es ist nirgends schöner (als in Ostfriesland!). Mooi hängt wahrscheinlich mit spanisch majo = zierlich, geputzt, geschmückt zusammen, entstanden aus lateinisch maius = groß, ansehnlich.
Noch ein paar Redensarten*: He is so mooi as Puus up Sönndag*. – Er ist so schön wie die Katze am Sonntag. *Wat nützt mi 'n mojen Disk, wenn d'r nix up is*! – Was nützt mir ein schöner Tisch, wenn nichts darauf ist! Die Sache ist nicht mehr schön: *Mooi is anners*. „Schön" heißt auch *fein, prick* und *lecker*: *'n lecker Wicht*.

mööi ist „müde", kraftlos, erschöpft. *Ik bün so mööi as 'n Hund.* – hundemüde. Wenn wir das wangerländische und das nordniedersächsische *mööd* heranziehen, wird sichtbar, dass *mööi* unser hochdeutsches *müde* ist, mit d-Abfall. (Typisch norddeutsch: Das weiß ich *nich*. Mach das *Lich* aus!

Moordorf Nach dem Erlass des Urbarmachungsediktes durch den preußischen König Friedrich II., der 1744 die Macht in Ostfriesland angetreten hatte, begann 1767 die Besiedlung von Moordorf. Dieses Projekt geschah allerdings sehr unvorbereitet. Während etwa in den Fehnsiedlungen die Gründer durch die Anlage von Kanälen für eine Entwässerung sorgten und damit eine wichtige Voraussetzung für eine zügige Kultivierung schufen, überließ die preußische Verwaltung die ersten Siedler in Moordorf ihrem Schicksal.

Hinzu kam, dass der unergiebige Boden durch die Moorbrandkultur schnell erschöpft war. So konnten die Bewohner die Erbpacht häufig nicht mehr zahlen. Viele Kolonisten versanken in Armut. Die Siedler lebten in Lehmkaten, die oftmals aus nur zwei Räumen bestanden: einem Wohnraum und einem Stall. In diesen Hütten übernachteten nicht selten drei bis vier Kinder in einem Bett. An schulische Bildung war bei den meisten Kindern nicht zu denken. Sie mussten schon früh zum Lebensunterhalt der Familien beitragen. Die große Armut und deren Begleiterscheinungen, wie das Betteln und der Verkauf von selbst geflochtenen Weidenkörben und Trödel, führten zu vielen Vorurteilen, welche von Historikern längst widerlegt sind. So hieß es lange Zeit, der Ort sei von *Zigeunern* – seinerzeit ein Schimpfwort – besiedelt worden oder eine *Strafkolonie* gewesen.

In der Weimarer Republik gehörte Moordorf zu den Hochburgen der Kommunisten, die bei den Reichs- und Landtagswahlen über die Hälfte der Stimmen erhielten. Bereits 1935 veröffentlichte ein Horst Rechenbach einen Aufsatz, in dem er Moordorf als „eine Landplage, die die ganze Umgebung verpestet" bezeichnet. Er erstellte Statistiken über Alkoholismus, Kriminalität, Schwachsinn und Verschuldung. In der Folgezeit gab es verschiedene

Moordorf: Der Schwarze Weg mit Lehmhütte und Harm Ruugfröst im Vordergrund. (Postkartenmotiv!)

Ansätze, das „Problem Moordorf" zu lösen. 1937 wurde das Gesundheitsamt Aurich beauftragt, daran mitzuwirken. Es ließ daraufhin von dem Arzt Arend Lang eine „Denkschrift" über die „Lösung des Asozialen-Problems durch das Gesetz zur Verhütung erbkranken Nachwuchses" erstellen. Unter Anwendung dieses Gesetzes wurden Bewohnerinnen und Bewohner Moordorfs zwangssterilisiert. Trotz des in Aurich formulierten Ziels, das Moordorfer „Problem zu Ende zu bringen", blieb die Zahl der Zwangssterilisationen in dem Ort mit mutmaßlich 26 Fällen von 1934 bis 1943 noch einigermaßen begrenzt. *Mutmaßlich* – weil ein erheblicher Teil der Akten beim Auricher Gesundheitsamt verschwand. Nach 1945 stabilisierten sich die politischen Verhältnisse nur zögerlich. Einen entscheidenden Entwicklungsschub erfuhr der Ort mit der Errichtung des Volkswagenwerkes in Emden 1964, in dem in den 1970er-Jahren mehr als ein Viertel der Bevölkerung Beschäftigung fand. Und so wurden die letzten Lehmhütten in den 1960er-Jahren abgerissen oder mit Klinkersteinen ummauert. Aus Moordorf wurde ein blühender Ort.

Moorhahntje ist eine spöttische Bezeichnung für die Moorkolonisten.

Moorkultivierung Die ausgestreckten Moore Ostfrieslands, wovon schon an mehreren Stellen die Rede war, wurden vor allem nach zwei Methoden kultiviert: Da war zum einen die Moorbrandkultur, siehe dazu ➤ *Moordorf.* Die andere Methode war die aus den Niederlanden kommende *Veencultuur*, die ➤ *Fehnkultur.*

Bis ins Mittelalter wurden Moorgebiete meist nur in den Randgebieten landwirtschaftlich genutzt. Ab der Mitte des 18. Jahrhunderts begann der Trend zur Kolonisierung der bisher ungenutzten Moorflächen, hauptsächlich um dem Staat weitere Einnahmen und die Unabhängigkeit von anderen Staaten zu bringen. Die neu im Moor angesiedelten Bauern, meist einfache Knechte und Mägde, die sich mit der Aussicht auf eigenes Eigentum und zumindest zeitweise Befreiung von Steuern und Militärdienst bewarben, hatten es dagegen schwer. Der

Westrhauderfehn: Eine rundum gepflegt erscheinende Gegend. Typisch für die Fehne.

Spruch „*De Eerste de Dood, de Tweede de Nood, de Darde dat Brood*“ (Dem Ersten der Tod, dem Zweiten die Not, dem Dritten das Brot) galt wohl in allen Moorgebieten. Allerdings waren die Bedingungen bei der Fehnkultur erheblich günstiger als bei der Brandkultur.

Müggen – Mücken *Müggen* sind sowohl Mücken wie auch Fliegen. Bei diesen lästigen Insekten ist der Ostfriese großzügig oder auch desinteressiert. Es gab und gibt hier aber auch die *Anophelesmücke*, mehr dazu unter ➤ *Darde-Dags-Kolle*.

Muck(je) ist ein Becher, zum Beispiel für Kaffee. Vgl. engl. „mug“. ➤ *Koppke*

Muhde – Mude, Muu Ein Wort aus dem Altfriesischen („Mündung“, bezeichnet im ostfriesischen Plattdeutsch eine Mündung, einen Wasserausfluss, einen Wasserdurchlass, einen Hafen. Im Englischen *mouth* – Mund in den Siedlungsnamen *Bournemouth, Plymouth, Portsmouth*; *Muiden* und *IJmuiden* in den Niederlanden. Und *Emden* (aus ➤ *Amuthon*) in Ostfriesland.

Möhlen ➤ *Bockwindmöhlen*, ➤ *Flutter*, ➤ *Kokermöhlen* ➤ *Mallmöhlen* ➤ *Watermöhlen* ➤ *Windmöhlen*

Möller – Müller *Müller* und *Möller* sind in ganz Deutschland sehr verbreitete Nachnamen, weil es in fast jedem Dorf eine Mühle gab und damit einen Müller, so war die Berufsbezeichnung eine eindeutige Bestimmung. Bemerkenswert vielleicht, dass der Müllerberuf fast überall in Deutschland als unehrlich angesehen wurde (er arbeitet nachts, häufig außerhalb des Ortes, nach dem Mahlen hat der Sack weniger

Volumen als vorher mit dem Korn.) In Ostfriesland waren die Müller angesehene Leute.

Mund-vull-Skandaal nennt man wohl das Gebäck, und beschreibt so den Zustand, wenn man ein ➤ *Neeijahrskookje* isst, wenig Masse, aber es knistert und knastert.

mundjen „*Dat mundjet mi*“, sagt man, wenn es einem schmeckt. „*Du büst ok so ’n rechten* ➤ *Leckerbeck*“, wäre eine passende Antwort darauf. „Du weißt auch, was lecker ist!“

N

naihen Sofort erkennbar: Das heißt „nähen“, mit Nadel und Faden arbeiten. Aber *naihen* heißt auch rennen, schnell essen und trinken, heftig schlagen. *De Deev is utnaiht.* Der Dieb is ausgerissen. *De Peer sünd utnaiht.* Die Pferde sind durchgegangen. *Naih hum, Rika, 't is Damenwahl!* Nun aber schnell, Rika, es ist Damenwahl.

Naute *Wenn 'n Katt in de Naute* (Bedrängnis) *sitt, denn maakt he grote Sprangen* (Sprünge). Vgl. ➤ *Benautheid.* Interessant an dieser Stelle ist, dass die Katze ein weibliches Wesen ist, aber im Nebensatz wird korrekt „he“ verwendet.

Nederdüüts – Niederdeutsch Klar, das sieht man ja sofort! Niederdeutsch, das ist auf jeden Fall niedriger zu bewerten als Hochdeutsch! Oder nicht? – Nein.
„Niederdeutsch“ werden einfach die nördlichen Dialekte genannt, die im tiefer gelegenen Deutschland, im Gegensatz zu den mittel- und oberdeutschen höheren Lagen, gesprochen werden. Die Grenze bilden die *maken* / machen-Linie und die weitgehend identische *Appel*-Apfel-Linie.
Da diese Grenze bei Benrath nahe Düsseldorf den Rhein überschreitet, heißt sie auch Benrather Linie. Und „Platt“ bedeutet übrigens auch nicht „primitiv“! Mehr dazu siehe ➤ *Platt.*

Nedersaksisch – Niedersächsisch? Die Sprache der Hanse war Mittelniederdeutsch, die zweite Sprache der Norddeutschen nennt man Niederdeutsch, die Dialekte von Schleswig-Holstein bis zur niederländischen Grenze „Nordniedersächsisch“, und manche Sprachwissenschaftler gehen darüber hinaus und rechnen das Groningische mit zum *niederdeutschen* Sprachgebiet. Die Groninger sind aber keine Deutschen, sie sprechen darum von der Nedersaksischen Sprache, wozu sie auch das ostfriesische Plattdeutsch rechnen. Und tatsächlich gibt es gute Gründe, das ostfriesische Platt vom nordniedersächsischen zu trennen und zu einer Gruppe mit dem Groningischen zusammenzufasssen. Wobei dann die niederdeutsche Sprache vom Hochdeutschen „überdacht" wird, die Groninger Mundart vom Niederländischen.

Neeijahrskookjes – Neujahrskuchen Man traut es den rauen Ostfriesen eigentlich gar nicht zu, so ein zartes Gebäck! Ein halbflüssiger Teig wird in einem speziellen Waffeleisen hauchdünn gebacken, sofort gerollt, am liebsten konisch, dafür gibt es extra Hölzchen. Rezepte werden als Familiengeheimnis gehütet.

Neujahrskuchen zum Tee: Das Porzellan mit der Ostfriesischen Rose ist sehr beliebt.

Nerz Pelzmäntel sind in dem feuchten Seeklima nicht praktisch. Gegen Regen und Wind, und natürlich gegen „*de solten See*", das salzige Seewasser, schützte man sich früher so gut es ging mit Ölzeug, eine wahre Verbesserung war dann die gelbe Kunststoffkleidung, die zunächst

Fischer und Seefahrer trugen, bis sie dann als „Friesennerz“ auch von den Touristen entdeckt wurde. Friesennerz und Gummistiefel waren lange Jahre das Kennzeichen für auswärtige Gäste, besonders im Sommer. Denn die damaligen Friesennerze waren nicht atmungsaktiv.

NHN Hinter diesen drei Buchstaben verbirgt sich das Normalhöhennull, die Ebene, auf die sich die Höhenangaben einer Landkarte beziehen. Das Normalhöhennull stimmt ungefähr mit dem mittleren Wasserstand der Nord- und Ostsee überein. Vom NHN hängt wiederum der PNP ab, der Pegelnullpunkt, der an der Nordseeküste 5 Meter unter NHN liegt.

nickkoppen Kopfnicken. Zustimmen. Wenn nicht: ➤ *schüddkoppen!*

Nipptide So nennt man die Tide, in der das Wasser nicht so hoch aufläuft (und das Niedrigwasser auch nicht ganz so niedrig ist). Nipptiden gibt es alle zwei Wochen, wenn Sonne und Mond im rechten Winkel zueinander stehen. Der Mond bewirkt etwa 90 Prozent der Tide, die Sonne nur 10 Prozent. Der Wind spielt dazu auch noch eine nicht unerhebliche Rolle. Bei längerem Ostwind kann das Wasser im Wattenmeer durchaus 30 cm niedriger auflaufen als normal.

NN ➤ NHN Das Normalnull, abgekürzt NN war von 1879 bis 1992 das festgelegte amtliche Nullniveau in Deutschland. Seit 1993 ersetzt das Normalhöhennull (NHN) das Normalnull (NN).

Nokixel – Lexikon Es ist ganz erstaunlich, ein Wörterbuch, ein Nachschlagewerk heißt auf Platt auch *Nokixel*: Lexikon rückwärts gelesen!

nölig Ein solcher Zeitgenosse ist mürrisch, träge, unentschlossen.

NOR NOR war seit 1956 das alte Autokennzeichen des Landkreises Norden, der 1977 im Landkreis Aurich aufging. Und in der Folge mussten die Norder ab 1978 das Autokennzeichen AUR führen. Seit dem 15. November 2012 dürfen die Norder im Zuge der Kennzeichenliberalisierung auch wieder NOR wählen. Davon macht kein Landkreis mehr Gebrauch als der LK Norden: Aktuell (2020) sind im Landkreis Aurich 134 305 Fahrzeuge mit AUR-Kennzeichen und 42 616 mit NOR-Kennzeichen zugelassen. *Dat ➤ verbaast een doch!* – Das überrascht einen dann doch! So viele!

Norddeich Radio Nach der Errichtung im Jahr 1907 wurde rund 90 Jahre lang der Funkverkehr mit Schiffen in aller Welt durchgeführt. Am 31. Dezember 1998 wurde die Anlage endgültig abgeschaltet, da inzwischen über Satelliten eine technisch überlegene Möglichkeit der Kommunikation über fast den gesamten Erdball

Der Sender Norddeich Radio ist außer Betrieb, aber das Museum ist zu besichtigen.

vorhanden war. Aber viele Jahre war Norddeich Radio die einzige Verbindung der Schiffe und Seeleute mit der Heimat. Und viele Seenotfälle wurden über den Seefunk begleitet, so 1962 der Untergang der PAMIR. Die Gebäude von Norddeich Radio gehören jetzt zum Campingplatz, auch ein Museum ist vorhanden.

Nördernee – Norderney hieß früher auch *Nörder neje Oog* (Norder neue Insel). Das Oog fiel irgendwann weg, und so heißt die Insel heute einfach Norderney, auf Platt *Nördernee*. Am alten Namen erkennt man aber, dass es einmal eine neue Insel war, und tatsächlich: 1398 gab es eine Insel Osterende, die dort lag, wo heute Norderney liegt. Osterende war ein Teil der auseinander gebrochenen Insel ➤ *Bant.*

Nordrhein-Westfalen Die Nordrhein-Westfalen sind die größte Gruppe von Touristen, die Ostfriesland immer wieder heimsucht und auf diese Weise zum Sozialprodukt unserer Gegend erheblich beisteuert. Dass sie manchmal heimlich Nordrhein-Vandalen genannt werden (aber nur wirklich ganz heimlich), kommt sicher daher, dass sie in so großer Zahl auf einmal da sind. Aber eigentlich werden sie sehr geschätzt!

Noordseewellen – Wor de Noordseewellen ... 1907 schreibt *Martha Müller-Grählert* von ihrer Sehnsucht nach der geliebten Heimat, Vorpommern, „wo die Ostseewellen trecken an den Strand“. Nichts von Nordseewellen und Deichen steht darin, auch nichts vom „grönen Marschenland“. Öffentlich gesungen wurden die *Ostseewellen* wohl zum ersten Mal vom Chor des Männergesangvereins in Zürich. Zu den *Nordseewellen* machte das Lied viel später ein anderer: Friedrich Fischer-Friesenhausen.

„Wor de Noordseewellen trecken an de Strand …“ sollte einen weitaus größeren Bekanntheitsgrad erreichen als die Originalversion von der Ostsee. Im norddeutschen Radio wurden die *Nordseewellen* ständig gespielt, auch auf den Fähren der Reederei *Frisia* zu den *Ostfriesischen Inseln* erschallte das Lied für Einheimische und Gäste.
Nach dem Zweiten Weltkrieg gehörte das Lied zu den Evergreens, wurde von Freddy Quinn, Lale Andersen und vielen anderen Sängern ins Repertoire genommen. Martha Müller-Grählert kämpfte jahrelang um ihre Urheberrechte und Tantiemen. Die hätte sie bitter nötig gehabt.

nütschenix Ein Ausdruck der Verzweiflung und / oder der Hinnahme des Geschehens. Akzeptieren, was man nicht ändern kann. Wörtlich: Das nützt ja nichts. Aber die wörtliche Übersetzung trifft es nicht.

Ogensteker *'n würkelk mooi* ➤ *Wicht.* Eine echte Schönheit (sticht ins Auge).

Olljahrsavend ist der letzte Tag des alten Jahres, auch Silvester genannt. Früher gab es da besondere Bräuche, wie zum Beispiel ➤ *Speckendicken* essen. Daher auch *Dicke-Buuks-Avend* (dicker Bauch) genannt. Heutzutage verschwinden leider viele alte Sitten, überall.

Oll Mai Am 6. Juli 1620 wurde auf dem Norder Landtag beschlossen, dass das Administrationskollegium jährlich am 10. Mai dem Parlament der Ostfriesischen Landschaft einen Rechenschaftsbericht vorlegen sollte. Der 10. Mai ist wahrscheinlich eher ein zufälliges Datum. Bis vor kurzem ist davon ausgegangen worden, dass dieser Tag wegen der Kalenderreform eigentlich der 1. Mai sei, das kann aber nicht stimmen. Der Übergang vom Julianischen zum Gregorianischen Kalender – und damit ein Zeitsprung von 10 Tagen – fand in Ostfriesland erst im Jahre 1700 statt. Obwohl das Datum „10. Mai" wie oben erwähnt schon eine lange Tradition hat, wird der Begriff „*Oll Mai*" erst in neuerer Zeit gezielt verwendet.

Ollske ein durchaus freundlicher Name für eigene Ehefrau (oder sogar die zukünftige): „*Mien Ollske*". „Meine Alte" trifft das nicht.

Orgellandschaft Nirgendwo auf der Welt gibt es so viele wunderbare und wunderbar restaurierte Orgeln wie in der Orgellandschaft Groningen / Ostfriesland, aber da hilft kein Schwärmen meinerseits, sondern Besuch von Orgeln und Orgelkonzerten Ihrerseits. Gerne geben wir zu, dass manche alte Orgel nur durch den Geiz der Gemeinden nicht kaputt renoviert wurde – und heute gibt es Fachleute, die die Kunst des Orgelbaues einfach beherrschen.

Ossi war bis 1989 eine vielleicht abwertende Bezeichnung für einen Ostfriesen. „Jaja, die Ossies!“ – Seit 1990 wurde diese schöne Bezeichnung auf die Ostdeutschen übertragen. ➤ *Nütschenix!*

Osteel: Vater und Sohn Fabricius An Osteel fährt man leicht vorbei. Vielleicht fällt auf, dass der Kirchturm dem von ➤ *Marienhafe* sehr ähnelt. Aber es steckt mehr dahinter. David Fabricius war Pastor und nebenbei Wetterbeobachter, Sterngucker, Astronom und Astrologe. Er stand mit den bedeutendsten Himmelsforschern der damaligen Zeit in Verbindung und entdeckte einen veränderlichen Stern (Mira Ceti) im August 1596 und einen neuen Stern (Nova von 1604). Sein Sohn Johann erwarb in seiner Studienzeit in Leiden (NL) ein Fernrohr, das er mit ins väterliche Haus in Osteel brachte. Am 27. Februar 1611 nahm er erstmals dunkle Flecken auf der Sonne wahr. Da er sich zunächst unsicher war, ob es sich um atmosphärische Erscheinungen oder eine optische Täuschung handelte, wiederholte er seine Beobachtungen, wobei er seinen Vater hinzu zog. Da ihre Augen in Mitleidenschaft gezogen wurden, benutzten sie für weitere Beobachtungen eine Lochblende. Damit lenkten sie das Sonnenlicht in ein abgedunkeltes Zimmer und betrachteten die Sonnenscheibe auf einem weißen Stück Papier (das Prinzip der Camera Obscura). Die Existenz der Flecken konnte zweifelsfrei nachgewiesen werden. Deren tägliche Bewegung auf der Sonnenscheibe wurde zutreffend auf eine Eigenrotation der Sonne zurückgeführt. Im Juni des gleichen Jahres veröffentlichte Johann Fabricius in Wittenberg eine Schrift, worin er alle Einzelheiten der Entdeckung beschrieb.

Ostfriesenkrimis ➤ *Krimi-Autoren* Von Hansjörg Martin bis Klaus-Peter Wolf

Ostfriesenwitze sind immer noch beliebt, seit jetzt schon mehr als fünfzig Jahren. Damals, 1969, veröffentlichte ein gewisser Borwin Bandelow, Schüler am Gymnasium Westerstede im Ammerland, in der Schülerzeitung „Die Trompete" in einer Serie „Aus Forschung und Lehre" die ersten Witze über die Ostfriesen. In dieser wurde der sogenannte „Homo ostfrisiensis" als unbeholfen und dumm karikiert.

Westerstede, das ist schon Oldenburg, und das nachbarschaftliche Verhältnis ist so wie zwischen Franken und Bayern, Niederländern und Belgiern, Engländern und Schotten: oberflächlich eine herzliche Abneigung. Dann dauerte es noch zwei Jahre, bis die Ostfriesenwitzewelle über Deutschland hereinbrach.

„Eigenbrötlerisch, wortarm, zäh und ungelenk: intellektueller Brillanz und tollkühnem Fortschritt abgeneigt; bodenständig, stark und blond – so will die Legende die Deutschen zwischen Marsch und Ems …", schrieb der SPIEGEL im Juli 1971.

Ostfriesland betrachtete die Ostfriesenwitze sehr positiv: Das Land ganz im Nordwesten war in aller Munde, der Tourismus boomte … bis heute.

Wiard Raveling, selbst Ostfriese und Lehrer am Westersteder Gymnasium, veröffentlichte 1993 die „Geschichte der Ostfriesenwitze" in Buchform. Und auch Otto Waalkes verwendet gerne mal einen Ostfriesenwitz in seinem Bühnenprogramm:

„Die Ostfriesen und die Bayern spielen Fußball. Da fährt ein Zug in der Nähe vorbei und pfeift. Die Ostfriesen denken, das Spiel ist zu Ende, und gehen nach Hause. – (Pause) Eine halbe Stunde später fällt das erste Tor für die Bayern."

Und noch einer: „*Warum findet man immer eine leere Flasche im Kühlschrank eines Ostfriesen? Falls er Besuch bekommt und der Gast nichts trinken möchte.*"
Und da dreimal Ostfriesenrecht ist, noch dieser: „*Und was machen Ostfriesen bei Ebbe? – Sie verkaufen Grundstücke an Nordrhein-Westfalen.*"

Ostfriesische Gemütlichkeit hält stets ein Tässchen Tee bereit. *Oostfreeske Behagelkheid? Kommodigheid?* Passt irgendwie nicht. Überhaupt – der ganze Reim: Folklore? Oder gleich Kitsch?
Man findet diesen Spruch auf Kissen gestickt, in Holz geschnitzt, … eben! Ein Tässchen? *'n Koppke!* Das ist Fehler Nr. eins. Nummer zwei: Ein Tässchen? Mindestens drei! Und drittens dann: Tee wird nicht auf Vorrat bereitgehalten, sondern immer frisch zubereitet. *Gemacht, nicht gekocht*, hätte James Bond wohl gesagt.

Ostfriesische Inseln: de söven Eilannen Man zählt ihrer sieben. Sieben ist für Friesen eine bedeutsame Zahl. Diese Inseln sind kein Überrest früheren Festlands, anders als die Halligen und Nordfriesischen Inseln. Vor etwa 10 000 Jahren erstreckte sich das Festland noch weit in die heutige Nordsee hinein bis zur Doggerbank und zur englischen Küste. Als Folge der Eisschmelze nach der letzten Eiszeit und den dadurch bedingten Anstieg des Meeresspiegels begann vor etwa 7 500 Jahren eine Überflutung der heutigen Deutschen Bucht. Durch die Zusammenarbeit der aus Westen kommenden Strömung und den vorherrschend westlichen Winden lagerten sich Sandmassen ab, die sich zu Sandbänken und inselähnlichen ➤ *Platen* entwickelten, die bei Flut nicht mehr überschwemmt wurden. Dieses Phänomen können wir gegenwärtig bei der Kachelotplate beobachten. Das ist die Voraussetzung für die Ansiedlung von Pionierpflanzen wie dem Queller, die mit ihren Wurzeln den Sandboden verstärken, was wiederum die Bildung von Dünen und das Wachstum der Insel ermöglicht.

Infolge der zum Teil starken Gezeitenströmung aus vor allem westlicher Richtung driften die Ostfriesischen Inseln in östliche Richtung ab. Das ist besonders schön auf Wangerooge zu sehen. Der heutige Westturm war einmal der Ostturm der Insel. Merkspruch: „Welcher Seemann liegt bei Nanni im Bett?" Das sind die Anfangsbuchstaben der sieben Inseln, allerdings von Ost nach West: Wangerooge, Spiekeroog, Langeoog, Baltrum, ➤Nördernee/Norderney, ➤ Juist und Borkum. Die Vogelinsel ➤ Memmert wird dabei übergangen.

Ostfriesische Landschaft – Oostfreeske Landskupp Das ist nicht nur das schöne flache grüne Land hinter den Deichen – das auch. Vor allem aber ist die Ostfriesische Landschaft heute eine wichtige Kultureinrichtung in Ostfriesland mit Sitz in Aurich.

Am Anfang waren die Landstände die Versammlung der drei gleichberechtigten Gruppen aus Rittern und Vertretern der Bürger und Bauern. Sie vertraten im Mittelalter die ostfriesische Bevölkerung gegenüber dem Landesherrn, dem Grafen- und späteren Fürstenhaus. Diese Ständevertretung gibt es in Ostfriesland bereits seit mehr als fünfhundert Jahren.

Bis zum 19. Jahrhundert besaß die Ostfriesische Landschaft auch wesentliche politische Rechte. Die moderne Ostfriesische Landschaft hat sich während des 20. Jahrhunderts von der alten Ständeversammlung zu einem zeitgemäßen Kulturparlament entwickelt. Sie ist heute eine moderne Dienstleistungseinrichtung. Ihre Aufgaben reichen von archäologischer Denkmalpflege und historischer Landesforschung über wissenschaftliche

Das Gebäude der Ostfriesischen Landschaft in Aurich, erbaut 1898 bis 1901 im Stil der Neorenaissance

Literaturversorgung und unterschiedlichste Kulturveranstaltungen bis hin zur fachlichen Beratung von Museen, Förderung der Regionalsprache und des Kulturtourismus.

Ostfriesische Möwe – Oostfreeske Kobbe / Mööw Die *Ostfriesische Möwe* ist eine Hühnerrasse, eine alte Landhuhnform. Die Ostfriesischen Möwen gelten als wetterfest und vital. Sie sind darüber hinaus auch sehr gute Futtersucher, die nur wenig Beifutter benötigen, wenn sie den entsprechenden Auslauf haben. Ihre Vitalität zeigt sich auch in ihrem für Hühner guten Flugvermögen. So stellen auch Zäune von zwei Metern Höhe kein Hindernis dar, berichtete man. Der Begriff *Möwe* soll sich aber nicht nur davon ableiten, dass diese Hühnerrasse ein enormes Flugvermögen hat, auch die Küken haben eine sehr große Ähnlichkeit mit den Küken der echten Möwen. Im ostfriesischen Niederdeutsch wird die Rasse deshalb auch *Oostfreeske Kobbe* oder *Oostfreeske Mööw* genannt.

Ostfriesische Nachnamen – Oostfreeske Achternamen Kleine Gemeinschaften kommen mit dem Vor- oder Rufnamen aus. Irgendwann wird das aber unübersichtlich. Dann müssen Unterscheidungen her, zum Beispiel nach Beruf: Bakker, Möller, Snieder, Fisser, Smidt; nach besonderen Merkmalen: de Groot; Swart, de Witt; Herkunft: de Vries, Bremer, Hollander. Bei den Friesen war es sehr gebräuchlich, dass man sich nach der Sippe nannte, also Mennenga = die Leute von Menno, Poppinga = die Familie von Poppo. Bei den Ostfriesen hatten die meisten bis rund 1800 keinen festen Familiennamen. Der Vorname des Vaters diente als Nachname: Gerd Janssen hat drei Söhn: Jan Gerdes, Peter Gerdes und Dirk Gerdes. Die Kinder von Jan heißen dann Janssen, die von Peter Peters und die von Dirk natürlich Dirks. Deren älteste Söhne bekommen natürlich den Vornamen des Großvaters und heißen dann also Gerd Janssen, Gerd Peters und Gerd Dirks. Das Chaos ist programmiert. Als Napoleon Ostfriesland erobert hatte und Soldaten brauchte, wurden die jungen Männer nur schlecht gefunden. Darum wurden feste Nachnamen befohlen. Manche weigerten sich, bekamen dann Namen wie Bloompott aufgedrückt, oder waren schlau und hießen jetzt Doctor, Rektor oder Bolinius statt Bohlen. Wirklich durchgesetzt wurde diese Vorschrift aber erst in der hannoverschen Zeit (1815 – 1866). Und selbst heute noch dürfen Ostfriesen das alte patronymische Prinzip weiterhin im Zwischennamen festhalten: Ein Harm Hinderks Störm kann seinen Sohn also Hinderk Harms Störm nennen.

Ostfriesische Palme Das sind die Grünkohlpflanzen im Allgemeinen, und eine fast zwei Meter hoch werdende Sorte im Besonderen. ➤ *Gröönkohl*

Ostfriesische Rechtschreibung Plattdeutsch kann man schlecht lesen, meinen viele. Das stimmt in gewisser Weise. Zunächst haben wir alle das Lesen anhand hochdeutscher Texte gelernt, das prägt. Viel schlimmer aber ist es, dass sehr viele plattdeutsch Schreibende phonetisch schreiben, also so, wie sie glauben, dass man spricht. Das kann natürlich nicht funktionieren. Seit vielen Jahrzehnten, eigentlich seit hundert Jahren, gibt es Bestrebungen, eine plattdeutsche Rechtschreibung einzuführen. Für das Nordniedersächsische, also das Plattdeutsch in Schleswig-Holstein, Hamburg, Bremen und den größten Teil Niedersachsens, gibt es den SASS, jetzt den „neuen SASS", ein Plattdeutsches Wörterbuch mit den Sass'schen Schreibregeln. Für das ostfriesische Platt mit zum Teil deutlich anderem Wortschatz, anderer Grammatik und anderer Aussprache hat ein Team der ➤ Ostfriesischen Landschaft eigene Regeln entwickelt, die auch die Grundlage für das Plattdeutsch-Hochdeutsche digitale Wörterbuch bilden, siehe auch www.platt-wb.de – ziemlich vorbildlich!

Ostfriesisches Milchschaf Das Ostfriesische Milchschaf ist ein sehr anpassungsfähiges und widerstandsfähiges Tier. Es liefert Milch, Fleisch und eine feine Wolle und ist fast die einzige rentable Art in der deutschen Milchschafhaltung. Es werden geschätzt insgesamt rund 20 000 Tiere der Rasse Ostfriesisches Milchschaf gehalten, ein Großteil davon unter den Bedingungen des Ökologischen Landbaus. Das Ostfriesische Milchschaf ist eine der weltweit verbreitetsten Milchschafrassen.

Das weibliche Schaf erreicht ein Lebendgewicht bis circa 70 bis 100 Kilogramm. Es liefert jährlich 4 bis 5 Kilogramm weiße, halbfeine, lange Wolle und durchschnittlich 300 bis 600 Kilogramm Milch, aus der hauptsächlich

Das Ostfriesische Milchschaf bringt Fleisch, Milch, Wolle und Deichsicherheit.

Butter und Käse hergestellt werden. Die Schafe sind sehr wichtig für die Sicherheit der Deiche, da sie die Erde festtrampeln und das Gras nicht aus-, sondern nur abrupfen.

Ostfriesische Vornamen Ostfriesische Vornamen können ein ganzes Buch füllen. Neben biblischen sind auch heute noch – oder wieder – alte friesische Namen verbreitet. Menko, Habbo, Ubbo, Jelto, Hatto, Reemt, Wilko, Edzard, Enno, Ufke, Jodokus. Und bei Mädchen Antje, Aaltje, Swaantje, Edda, Wiebke, Rieke, Greta, Janna, Mareke, Siemtje. Früher wurden Mädchen auch nach dem Großvater oder Erbonkel genannt: Hermannkea, Gerhardine, Wüpkeline. Beliebt ist auch eine scheinbare Modernisierung: *Reemt* wird dann zu *Reinhard* (der erste Buchstabe bringt es wohl), und weiter geht es zu *René*. Und jetzt zurück zu *Reemt*.

Ostfriesisches Wappen – a) der Landstände Es gibt zwei ostfriesische Wappen. Einmal das der ostfriesischen Grafen, heute auch von amtlichen Stellen benutzt, und zum andern das Wappen der Ostfriesischen Landschaft, ursprünglich der Landstände.

Das Upstalsboomwappen der Ostfriesischen Landschaft, den ostfriesischen Landständen 1678 von Kaiser Leopold I. verliehen

Es ist äußerst ungewöhnlich, dass die Landstände über ein eigenes Wappen verfügten, und das sagt viel aus über die Macht und Ohnmacht der ostfriesischen Grafen. Das Wappen ist so beschrieben: „In einem roten Schild ein grüner Eichenbaum auf einem grünen Hügel (dem Upstalsboom?). Daneben stehend ein Mann, gewappnet mit einem Harnisch, einer Lanze in der rechten, einem Degen in der linken Hand und einem offenen, mit zwei weißen und zwei blauen Straußenfedern gezierten Bügelhelm auf dem Haupt." Aus der freiheitlichen Tradition der Friesen heraus hatte sich in der Grafschaft Ostfriesland eine sehr starke Stellung der Standesversammlung entwickelt. Die Landstände hatten neben dem Landesherrn umfangreiche eigene landesherrliche Rechte. Diesem Umstand trug Kaiser Leopold I. mit einem im Römischen Reich einmaligen Vorgang Rechnung, indem er der ➤ *Ostfriesischen Landschaft* im Januar 1678 ein eigenes Wappen verlieh. Dieses Upstalsboomwappen verwendet die Landschaft noch heute. (Nur am Gebäude der Ostfriesischen Landschaft in Aurich ist das *gräfliche* Wappen angebracht.) – Versehentlich?

Ostfriesisches Wappen – b) der Grafen Das amtliche ostfriesische Wappen hat sechs Felder, die spiegeln die Entwicklung der Grafschaft Ostfriesland wieder. Es sind sechs Felder mit den Wappen der Familien Cirksena, tom

Das ostfriesische Wappen auf der ostfriesischen Flagge. Schwarz-rot-blau entsprechend der drei Häuptlingsfamilien Cirksena – tom Brook – Ukena.

Brook und Ukena mit den Hintergrundfarben schwarz-rot-blau. Diese drei Farben wurden zur ostfriesischen Flagge. Unter dem Feld der Cirksena finden wir die drei Halbmonde von Manslagt, und die beiden unteren Felder geben den Zuwachs Ostfrieslands durch das Harlingerland an: Esens und Wittmund.

Otto Waalkes Dieser Emder Junge ist gegenwärtig der bekannteste und witzigste Ostfriese. Vor seinem Museum, dem Otto-Huus, bilden sich täglich kleinere Schlangen. Wenn er Autogramme gibt, und das tut er stundenlang, ist die Warteschlange, na, nicht unendlich, aber kilometerlang? Am Rathausplatz, gleich beim Otto-Huus, sind vier Ampelpaare mit einem grünen hüpfenden Otto ausgestattet. Und durch die Wand des Otto-Hauses bricht ein Ottifant.

Mitten in Emden, gegenüber dem Rathaus am Delft: „Dat OTTO-Huus", Geschäft und Museum – ein Besuchermagnet

P

Palm So heißt in Ostfriesland (wie in England!) die Handfläche. Und natürlich auch die Palme. *De Oostfreeske Palm* ist der Grünkohl.

Pampuusjes ist ein sehr altes Wort für Hausschuhe, abgeleitet von frz. baboucher. Genau so veraltet ist *Müle* für Pantoffel, darum funktioniert leider auch das schöne Wort nicht mehr: „*Oostfreesland is 'n raar Land,* (merkwürdiges Land), *daar eten se Brüggen* (Butterbrote, nicht Brücken), *lopen up Mülen* (Pantoffeln, nicht Mühlen) *un steken Schapen* (frühere kleine Münze, keine Schafe) *in de Taske.* Heute heißen die Hausschuhe *Sluren, Pantuffels, Slappen.*

Pastoor Hochdeutsch auf der ersten oder auch der zweiten Silbe betont, ist der Pastor ein evangelischer oder katholischer Geistlicher. Auf Platt liegt der Ton auf der zweiten Silbe, darum auch mit Doppel-o geschrieben. Auch die Mantelmöwe (Larus argentatus) wird Pastoor genannt. *Manteldrager* und *Börgmester* (Bürgermeister) sind weitere Namen. Eine leichte Ironie ist erkennbar. Ein paar Redensarten: *De Pastoor preekt (ok) blot eenmaal för 't sülvig Geld:* Einmal muss reichen. (Er predigt nur einmal fürs selbe Geld.) *Köster un Pastoor mutten sük verdragen as Speck un Kohl.* Der Küster und der Pastor müssen vertragen wie Speck und Kohl – müssen gut zusammenarbeiten. *Pastoor un Hund verdenen hör Brood mit d' Mund.* Der Pastor und der Hund verdienen ihr Brot mit dem Mund.

Und schließlich ein hübsches Gedicht: *Mien Dochter, wenn du frejen wullt* (heiraten willst), *so nehm di driest* (am besten) *'n Papen, de kann mit Proten* (Reden) *Geld verdenen un du kannst lange slapen!* Über die Geistlichkeit wurde gerne gespottet. ➤ *Hund*

Pflug von Walle Am Morgen des 9. Juli 1927 geht Jann Hanßen im ostfriesischen Walle zur Arbeit ins Tannenhausener Hochmoor. Und er hat dann merkwürdige Holzstücke in den Soden entdeckt. Hanßen findet rund 20 Stücke, alle in 1,70 Meter Tiefe. Die legt er an die Seite und ruft einen Dorfschullehrer hinzu. Dieser erkennt, dass es sich um ein altes Werkzeug handelt. Wenn dieser Arbeiter da nicht so ➤ *plietsch* gewesen wäre und wenn der Lehrer sich nicht gekümmert hätte, dann wäre das Stück wohl in irgendeinem Ofen gelandet.
Erst 1992 konnte mithilfe von Radiokarbondatierungen das Alter des Hakenpfluges zweifelsfrei geklärt werden. Demnach stammt der Pflug von Walle aus der Zeit um 1740 vor Christus, also aus der frühen Bronzezeit und ist knapp 4.000 Jahre alt. Es ist der bisher älteste bekannte Pflug Deutschlands und einer der wenigen archäologischen Funde dieser Art in Europa. Eine Nachbildung des Pfluges befindet sich im Historischen Museum in Aurich.

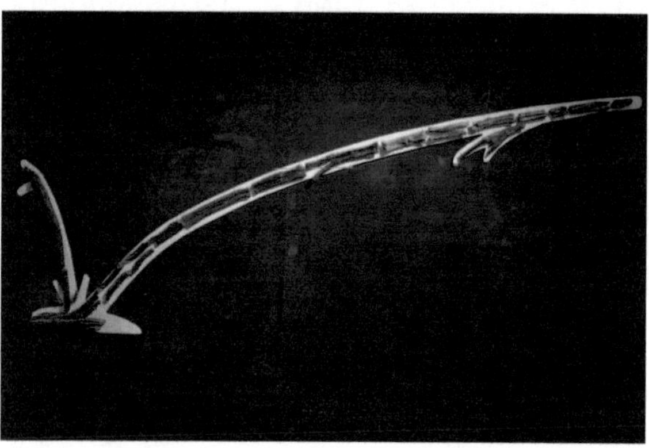

Rekonstruktion des Pflugs von Walle: Am längeren Ende wurde gezogen, das kürzere in die Erde gedrückt.

Piep *Brücke*: steinerne gewölbte Brücke über einen Kanal, die Schiffe fahren wie durch eine Röhre. In Emden ist noch die *Kohschietenpiep* erhalten, die heute amtlich Blumenbrücke heißt – in der Nähe der Kunsthalle.
Flöte: (kleines Blasinstrument): *Piep, Fleitpiep, Fleutpiep;*
Pfahlmuschel: (Teredo navalis): Schiffsbohrmuschel.
Pfeife: a) Orgelpfeife: *He hett Kinner as Örgelpiepen;* b) Gerät zum Rauchen: *He smöökt sien Piep Tabak. Hum is de Piep utgaan.* Er ist gestorben. *Sien Piep is sien tweede Frau* – ist ihm unentbehrlich. *Rohr, Röhre*: *Ovendpiep* = Ofenrohr; *Schöstoenpiep* – Schornsteinzug; *Büxenpiep* = Hosenbein; *Markpiep* = Röhrenknochen.

Piepelbaas, Piepelklaas, Piepelstientje, Piepeltrientje Die ersten beiden Ausdrücke stehen für einen eingebildeten Kranken, einen Jammerlappen, einen Schwächling, die letzten beiden für eine ständig jammernde Frau, ein Klageweib, oder eben auch eine eingebildete Kranke. *Baas* ist ein „Herr" – hier voller Ironie, *Klaas* (= Nikolaus) und *Trientje* (= Katharina) und *Stientje* (= Christina) sind gängige plattdeutsche Vornamen, *Piepelstientje* wird auch gerne verdreht zu *Piepenstieltje* (= Pfeifenstiel).

piepelig elend, krank, schwächlich, (über-)empfindlich

Pillpalleree ist kraftloses Geschwätz. Und so lautmalerisch!

Pingel Ein Schnaps ist manchmal zu hart, dann hilft ein Stückchen Zucker. Und das *duunt* auch schön! Und wenn man umrührt, klingelt (*pingelt*) es. Darum nennt man das Getränk *Pingelsööpke*. *Sööpke*: Ein Gläschen Schnaps, ein Schnäpschen. Das Wort hängt zusammen mit „*supen*" – trinken.

Pingo Die Bezeichnung *Pingo* stammt aus dem Inuit und bedeutet „Hügel". Nun wohnen diese Inuit-Indianer im Mackenzie-Delta in Kanada. Aber Pingos oder die Reste davon gibt es auch hier! Ein Pingo ist ein Erdhügel, der in seinem Inneren aus einem Eiskern besteht. Grundvoraussetzung für die Entstehung eines Pingos ist das Vorhandensein von Permafrost + einer Wasserquelle, aus der sich der Eiskern des Pingo speisen kann, sowie einem gewissen Druck. Der Eiskern wird durch Grundwasser oder Wasser im Talik (das ist zufällig ungefrorener Boden) gespeist, wächst auf diese Weise immer weiter und drückt so die über dem Eiskern liegende Erdschicht nach oben. Das Schmelzen des Eiskerns führt dazu, dass der Pingo zusammenbricht und sich eine runde Bodenvertiefung bildet, die von einem mehr oder minder großen Erdwall umgeben ist. In diesen Mulden lagern sich organische Stoffe und durch Wind oder Grundwasser eingetragene mineralische Stoffe ab. Steigt der Grundwasserspiegel weiter an, bildet sich dann auch ein Moor. Solche Stellen, Pingo-Ruinen, hat man an verschiedenen Stellen in Drenthe und in Ostfriesland gefunden. Mehrfach im Harlingerland, aber auch der Frauensee bei Timmel ist ein fossiler Pingo.

Pinkelwurst Pinkel (auch *Pinkelwurst*) ist eine geräucherte, grobkörnige Grützwurst, die in Nordwestdeutschland, besonders in der Gegend um Oldenburg und Bremen sowie in Friesland, zu Grünkohl verzehrt wird. Es gibt verschiedene Namensdeutungen, die allerdings nichts mit „pinkeln" (also urinieren) zu tun haben. Der Ausdruck Pink(e) bedeutet vielmehr a) kleiner Finger; b) eine kleine gerade Wurst; c) Mastdarm (der traditionell bis heute als Wursthülle verwendet wird); d) Penis. Suchen Sie sich etwas aus!

Pisspott Das Töpfchen. Heute wird es noch für kleine Kinder benutzt, die (Ur-)Großeltern hatten den Nachttopf noch unterm Bett stehen, um nachts nicht nach draußen zu müssen. Auch *de Fischer un siene Fruu* bei den Brüdern Grimm wohnten in einem Pisspott. Die Zaunwinde heißt in Ostfriesland Pisspottblume.

Plaats ist der gängige plattdeutsche Ausdruck für einen ostfriesischen ➤ *Gulfhof*, einen großen Bauernhof.

Planetarium Das beeindruckendste Planetarium, das ich kenne, ist das in Franeker (Provinz Friesland). Infos und Öffnungszeiten unter www.planetarium-friesland.nl. Das Eisinga Planetarium ist das älteste funktionsfähige Modell des Sonnensystems und das größte mechanische Planetarium weltweit. Es wurde von 1774 bis 1781 von Eise Eisinga in Franeker gebaut, nachdem Eelco Alta, ein friesischer Minister, in den Niederlanden eine Panikwelle ausgelöst hatte. Am 8. Mai des Jahres 1774 prophezeite er,

Im Eisinga Planetarium: Unser Sonnensystem an der Wohnzimmerdecke. In der Mitte die Sonne und die vier kleinen Planeten, auf den großen Bahnen Jupiter und Saturn. Uranus und Neptun waren noch nicht entdeckt.

einige Planeten würden so nah aneinander geraten, dass die Erde ihre Umlaufbahn verlassen und von der Sonne verbrannt werden würde.

Eise Eisinga war nicht nur Wollkämmerer, sondern auch ein Meister der Mathematik und Astronomie. Um das friesische Volk zu beruhigen und Altas Aussage zu widerlegen, entschied sich Eisinga dazu, an der Decke seines Wohnzimmers ein Modell unseres Sonnensystems einzurichten, um solchen Unsinn ein für alle Mal zu widerlegen. Das Modell wird von einer Pendeluhr mittels mehrerer Gewichte angetrieben. Diese zeigt nicht nur die Planetenbewegungen (einschließlich des Saturns, der in 36 Jahren einmal die Zimmerdecke umrundet) in Echtzeit in einem Maßstab von einem Millimeter zu einer Milliarde Kilometer an, sondern über an der Wand angebrachte Uhren zusätzlich Sonnenauf- und -untergang, Mondauf- und -untergang; den Mondstand, das Hochwasser bei Harlingen. Die Sternzeichen und das aktuelle Datum werden ebenfalls angezeigt. In all den Jahren musste nur der Saturn einmal um einen Tag umgestellt werden. Und ganz nebenbei: Das Modell besteht nur aus Holz, Nägeln und Bindfäden.

Platt *„Die machen wir platt.“ „Ein ziemlich platter Witz!“* (Flachwitz!) Das bedarf aber einer Korrektur. Das Wort ist nämlich mehrdeutig. Schon die alten Griechen kannten das Wort πλατύς – *„platýs“*, bei den Lateinern hieß es *„platus“*, im Französischen ist das Wort als „plat“ aufgenommen und gelangte weiter in die Niederlande, wo es *„plat“* heißt, hier aber eine Bedeutungserweiterung erfuhr. Platt ist nicht nur „flach, ohne Erhabenheit, nicht hervorragend, dumm“, vielmehr bedeutet es „klar, deutlich, verständlich für jedermann“. Der früheste Beleg dafür findet sich in einem 1524 in Delft gedruckten Neuen Testament. Jenes ist laut Titel und Vorwort *„in goeden platten duytsche“* abgefasst.

Idylle aus vergangenen Zeiten: Eine Tjalk vor einer Windmühle auf dem Kanal von Ostgroßefehn.

Plattbodenschipp Ein Plattbodenschiff hat einen flachen Boden mit einem Balken als ➤ *Kiel*, hat somit nur wenig Tiefgang und ist damit gut angepasst an das Wattenmeer. Wenn das Wasser wegläuft, *fällt* das Boot *trocken*, das heißt, es steht problemlos im Schlick oder auf dem Sand bis das Wasser zurückkommt. Es hat auf jeder Seite ein ➤ *Sweert/Schwert* gegen die ➤ *Abdrift*. Jeweils das Schwert an Lee ➤ *Luv & Lee* wird herabgelassen ins Wasser.

plietsch Dieses Wort ist in Ostfriesland durch die Medien eingesickert. Bislang hieß „pfiffig" *slau, wies, nümig*.

plörig schmeckt der Tee, wenn er zu dünn, wässerig, flau und kraftlos ist.

Plöttjes sind Scherben. Solange die Keramik, dat *Plöttjrgood*, noch heil ist, steht es in oder auf der Anrichte, dem *Plöttjeschapp*.

Plünnen Textilien vom Fetzen und Lumpen über Klamotten, Zeug, Habe – bis zu Kleidern und Kleidung. „*Willen wi uns Plünnen binanner smieten?*“ – Scherzhaft formuliert: „Wollen wir heiraten?“ Segler verwenden das Wort auch beim Reffen: „Runter mit den Plünnen, aber schnell!“ Ein *Plünnenkeert* oder *Plünntjer* war ein Lumpenhändler, ein *Plünnenrieter* ein Tuchwarenhändler, der *Plünnenwinkel* sein Laden.

Polder Polder sind das neu gewonnene Land an der Küste Ostfrieslands. Auch in den Niederlanden heißen sie *Polder*, im Oldenburgischen *Groden*, in Schleswig-Holstein *Koog*. Es ist sehr fruchtbares Land, allerdings ist der Boden schwer und auch schwer zu bearbeiten.

Pool ’n Pool ist ein Pfuhl (!), eine Pfütze, ein Teich, ein kleiner See, ein Sumpf, ein Tümpel. – vgl. swimming-pool. – ’n Pool ist auch eine *Mütze*, gleichfalls ein Mann aus Polen, und bezeichnet auch das nördliche und südliche Ende der Erde.

Pottjekackers, Emder ... Ein Spottname für die Emder, die als erste in Ostfriesland ein Tonnensystem für Fäkalien eingeführt haben. Mit dem Ausbau der Kanalisation wurde erst ab rund 1900 begonnen. Das lag mit an den bis dahin schwierigen Abwasserverhältnissen: Bis zum Bau der Nesserlander Schleuse war Emden ein Tidehafen, Ebbe und Flut wirkten sich bis in den Delft (heute wäre das bis zum Otto-Huus) aus. So gab es ein System mit Tonnen, („Tünntjes“), die, wenn gefüllt, abtransportiert wurden. Die Emder als Städter hatten nur wenige Möglichkeiten, wie die Landbevölkerung, ihre Geschäfte hinter dem, im oder am Stall zu erledigen. Ein bisschen Neid schwingt also mit, wenn man sich über die Emder Pottjekackers lustig macht.

Die Werftstraße ist 2016 als letzte Straße in Emden an die Kanalisation angeschlossen worden.

Pricken Im Watt stehen vielerorts Baumreihen, fast wie entlang einer Straße. Und tatsächlich, diese *Pricken* markieren den Verlauf eines ➤ *Priels,* dort ist das Wasser am tiefsten. Allerdings in der Regel doch so flach, dass Tonnen nicht geeignet sind. Die Pricken stehen meistens nur an einer Seite des Fahrwassers. Wenn man von See kommt, stehen die Steuerbordpricken rechts. Wenn man von West nach Ost durch das Wattenmeer fährt, stehen die Pricken meistens an der Backbordseite. Wenn möglich, werden Backbordpricken gesetzt, da diese einfach Birkenstämme mit Geäst sind (das soll „oben flach" signalisieren), während bei den Steuerbordpricken die Zweige oben zusammengebunden sind und eher spitz aussehen. Die Pricken tragen meistens ein rotes oder grünes Klebeband für BB oder StB.

Priel Priele sind die Wasserläufe im Wattenmeer. Bei Niedrigwasser fallen manche fast trocken. Wenn die Flut kommt, fließt das Wasser zunächst scheinbar langsam Richtung Land, doch plötzlich wird der Rand des Prieles überspült – und das ganze Wattenmeer ist eine einzige Wasserfläche. Eine gefährliche Situation für Wattwanderer!

So ein Priel füllt sich bei Flut recht schnell, und sehr schnell ist dann nur noch eine einzige Wasserfläche vorhanden.

proten heißt sprechen. Genau wie spreken, reden, snacken. *Wi proten blot platt mitnanner.* Dass der ostfriesische Westen *proten* absolut vorzieht, liegt sicherlich auch an der starken Stütze durch das niederländische *praten. Proot neet van 'n ganz besünnern Fall, de Katten snopen* (naschen) *overall.*

Puffert ist ziemlich dasselbe wie ➤ *Klüütje* – und einfach lecker!

Pulsstockspringen Als *Pulsstockspringen* wird der Stabweitsprung über Wasserläufe bezeichnet. Verbreitet war das Pulsstockspringen besonders in den Marschen in Nordwestdeutschland. Da Ostfriesland von sehr vielen Wasserläufen durchzogen ist, die bis zu acht Meter breit sein können, musste eine Möglichkeit gefunden werden, diese trockenen Fußes überqueren zu können. Dazu diente ein drei bis sechs Meter langer Stock (der *Pulsstock*). Es wird in der Art des Stabhochsprungs gesprungen, jedoch in die

Solche Fliesen, hier mit Pulsstockspringer, kann man in großer Zahl im Fliesenmuseum in Leeuwarden (Friesland, NL) bewundern.

Weite statt in die Höhe. Dies erfordert sowohl Kondition als auch ein gutes Augenmaß, um die Distanz auf die andere Landseite überwinden zu können und nicht mit dem Stock im Gewässerboden stecken zu bleiben. Um mit dem Pulsstock die entsprechende Stabilität zu erreichen, ist beim Springen über natürliche Gewässer am unteren Ende des Stocks eine runde Platte angebracht, die ein Einsinken in den meist schlammigen Grund verhindert. – Merksatz: *De wieder springen will as de Pulsstock reckt, springt in de Sloot.* Wer weiter springen will als der P. reicht, springt in den Graben.

Pümmelwurst Eine Pümmelwurst ist eine kurze dicke Wurst, im Gegensatz zu der gewöhnlichen Mettwurst. Und sie wird auch *Dröögt Mettwurst* genannt, weil sie luftgetrocknet *(dröögt)* ist. Pümmel hängt natürlich wiederum eng mit Pimmel, Penis oder Phallus zusammen.

Pünte Eine Pünte ist ein offener, flacher, kastenförmiger Kahn zum Transportieren von Erde, Sand, Steinen, Vieh, auch von Touristen. Das Wort Pünte hat sich aus französisch „Ponton“ entwickelt. Eine Pünte überquert zum Beispiel als Fähre die Jümme, wo sie bei Wiltshausen in die Leda mündet. Diese an einem Stahlseil von Hand gezogene Pünte ist die älteste handgezogene Fähre Nordeuropas. Sie wurde bereits 1562 zum ersten Mal urkundlich erwähnt. Heute eine Touristenattraktion, Fährverkehr ab 1. Mai des Jahres.

Q

Queen Die Queen ist nicht nur eine Königin – besonders die englische, sondern auch eine unfruchtbare Kuh. Dieser Fall tritt häufig ein, wenn ein Rind Zwillinge bekommt, von denen der eine männlich ist. Die männlichen Hormone gehen auf die Schwester über, die dadurch unfruchtbar wird. In Norden nahm eine solche Queen jahrelang am weihnachtlichen Krippenspiel teil. Wenn sie unruhig oder unwillig war, bekam sie ihr Lieblingsgetränk: Cola.

Radio Norddeich hat es nie gegeben. ➤ *Norddeich Radio.* Wohl aber Radio Ostfriesland und Radio Jade, zwei gern gehörte nichtkommerzielle Sender in der Region.

Radtouren Es gibt wohl kaum eine Region in Deutschland mit einem so facettenreichen und gut ausgeschilderten 3500 Kilometer langen Radwegenetz wie Ostfriesland. Mit dem Rad lässt sich die Region mit seinen urigen Dörfern, Windmühlen und Leuchttürmen sowie lebhaften Hafenstädten und verträumten Altstädten am besten entdecken. Kleine Teestuben und Pausenplätze, die einem sonst verborgen bleiben, tauchen plötzlich und unerwartet am Wegesrand auf.
Sie folgen dabei einfach ganz entspannt der Beschilderung. An Radknotenpunkten, wo sich mehrere Routen und Strecken kreuzen, gibt es Armwegweiser mit Fahrtrichtungsanzeigen, die jeweils ein Nah- und ein Fernziel angeben.
Neben der zielorientierten Wegweisung finden Sie in vielen Gemeinden zusätzlich das nach niederländischem Vorbild bewährte Knotenpunktsystem mit Nummern. Hier planen Sie Ihre Tour einfach von Knotenpunkt zu Knotenpunkt nach Nummern.

rattatta un titata Das klingt zunächst nicht sehr plattdeutsch. Das Erstaunen kommt beim Nachlesen: *Wenn 'k 'n Rad hatt harr un Tied hatt harr, was / weer ik futt bi di komen!* – Sorgfältig übersetzt: Wenn ich ein Rad gehabt hätte und Zeit gehabt hätte, wäre ich sofort zu dir gekommen!
So schön kann Plattdeutsch sein. Und wie wir hier sehen: Unser Platt kennt und benutzt auch den Konjunktiv (die Möglichkeitsform).

refermeert – reformiert Ein Hahn auf dem Turm, keine Bilder an den Wänden, kein Altar ... dann ist diese Kirche eine reformierte. Ein Turm muss ja nicht sein, oft steht neben dem Kirchengebäude nur ein Glockenstuhl. und wenn doch ein Altar, dann ohne Bilder: So der Schriftaltar in ➤ *Uttum*.

Und wenn doch ein Schwan auf dem Turm einer reformierten Kirche wie in Groothusen, dann hat das Gründe. – Diesen zum Beispiel: Hier in der Nähe war der Witwensitz der schwedischen Prinzessin Katharina Wasa, lutherischer Konfession.

Reetdach Das plattdeutsche *Reet* ist Schilf, hochdeutsch heißt es *Ried*. Aber weil *Reet* so schön ist und so norddeutsch, heißt das Dach auch hochdeutsch Reetdach.

Rietsticken – Streichhölzer *Striekholten* mit ihrem hochdeutschen Hintergrund verdrängen wohl langsam unsere *Rietsticken* = Reißstöckchen. *Sühnig, see Beesje, een Rietstick för uns beiden un daarför 'n Sööpke mehr!* – Sparsam sein, sagte Beesje, wir beide brauchen nur ein Streichholz, dafür gibt es dann einen Schnaps mehr.

Ruder Die Seemannssprache ist manchmal etwas überraschend. So wird ein Ruderboot nicht mit Rudern vorwärts getrieben, sondern mit Riemen. Und es wird auch nicht gerudert, sondern gepullt. Ein Schiff wird auch nicht vom Steuermann gesteuert, sondern vom Rudergänger, der das Ruder zum Beispiel „Hart Backbord!" legt. Dann soll er den Kurs des Schiffes heftig nach links bringen.

Russland siehe ➤ *Amerika*

sacht *„behutsam, leise, gemächlich, langsam"*. Das Wort hat sich vom Niederrhein kommend seit dem 16. Jahrhundert auch in Mittel- und Oberdeutschland durchgesetzt. Es entspricht dem hochdeutschen „sanft". Niederdeutsch / niederländisch *-cht* ist hochdeutsch *-ft*, zum Beispiel ostfr. *Kracht* / hdt. *Kraft*.
Andererseits gibt es das ostfriesische *Grafft* (Grab) und die niederländische *gracht* (Wassergraben, Kanal), die es jetzt auch nach Ostfriesland geschafft hat.

Saling Die Saling ist bei Segelschiffen eine Konstruktion, die zu beiden Seiten des Mastes einen Arm ausbreitet, der Befestigungs- oder Umlenkpunkte für die Wanten bietet, um den Mast oder Mastabschnitt von seinem oberen Punkt zu den beiden Schiffsseiten hin zu verspannen.

Ohne in den Mast klettern zu müssen sehen wir hier ausgezeichnet, wie eine Saling aussieht und was sie leistet.

Salzgewinnung Auf einigen Inseln im Wattenmeer wurde Seetorf abgebaut, also Torf, der von Salzwasser getränkt war. In Salzsiedereien wurde dort aus der Asche des Seetorfs, der auf der Insel abgebaut wurde, durch Auslaugung Speisesalz gewonnen. Mehr dazu unter ➤ *Bant*. Leider führte der Salztorfabbau zu größerer Wassertiefe, also höheren Wellen, und damit schließlich zu Landverlusten durch höher auflaufende Sturmfluten. Heute gibt es recht erfolgreiche Versuche, statt immer höhere Deiche zu bauen, durch Sandaufspülungen die Kraft der Wogen zu brechen.

Saterdag ist der Sonnabend bzw. Samstag. Wie in England (saturday) oder den Niederlanden (zaterdag) abgeleitet vom lateinischen dies Saturni. Aber den Mönchen waren Saturn und Satan zu nahe. So also der Sonnabend. Als Verschleierung beim Fluchen ist *Saterdag!* aber immer noch in Gebrauch.

Sapp ist ziemlich erkennbar Saft. Weitgehend ungebräuchlich geworden. Aber es gibt noch *Sappkook*! Saftkuchen? Nein: Lakritze.

Sch- am Wortanfang Das [sch] ist ein schwieriger Laut. Die Ostfriesen sprechen ein [sch], in der Lautschrift [ʃ], in Wörtern wie Šteert (Schwanz), Swien (Schwein), Spööl (Spiel). Das SCH wird unterschiedlich gesprochen: Getrennt in S und CH, als SCHG oder SCHK oder auch nur SK. So heißt die Schule School, Schkool, Schkaul, Schkiaul, S-chööl usw.

Schapp – Schrank *Se hett 't Mest boven in 't Schapp – (sie hat das Messer oben im Schrank liegen)* = Sie schaltet und waltet, wie sie will. Besondere Schränke: *Broodschapp* für Lebensmittel, *Flegenschapp* mit Gaze gegen Fliegen, *Kleerschapp* für Kleidung, *Plöttjeschäpp* für Ziergegenstände, *Buddelei* für besondere Glas- und Porzellansachen.

Scharntje, Scharr – Kliesche Scharntjes sind kleine, sehr leckere Plattfische, Verwandte der ➤ *Schull-Scholle.* Auf Tafeln vor Speisegaststätten steht oft „*Skantjes*". Das ist aber nur eine Schreibweise, die sich aufs Gehör stützt, es sind *Scharntjes* – vgl. dazu das Stichwort ➤ *Sch-* Das *Scharntje* wird hochdeutsch auch Scharbe oder Kliesche (Pleuronectes limanda) genannt. Spruch: *Ik mag 'n Scharr nettso* (genauso) *geern as 'n Butt.*

Schiet Dieses Wort erfreut die Hochdeutschen immer wieder. Es klingt gar nicht so schlimm wie „Scheiße". Könnte sein. Ein paar Worte dazu: *Schiet is Dreck sien Bröör.* – Eins ist so schlecht wie das andere. *Fliet un Schiet / helpt de Buur / over de slimme Tied.* Fleiß und Mist / helfen dem Bauern / über schlechte Zeiten. *Dat is nix as Schiet un Strunt!* – nichts als wertloses Zeug.

Schietbüdel zusammengesetzt aus *Schiet* und *Büdel* = Beutel. Einerseits ein Nichtsnutz, ein „Würstchen", andererseits auch ein Kosename für ein Kleinkind: *du lüttje Schietbüdel*!

Noch sieht der Mann auf dem Kreier einigermaßen sauber aus – aber nicht mehr lange!

Schlickschlittenrennen – Kreierweddstried Einmal jährlich lädt die Krummhörn in Upleward zur legendären Schlickschlittenrennen-Wältmeisterschaft. In der Wattarena, also im Watt, liefern sich die teilnehmenden Teams spannende und vor allem dreckige Wettkämpfe. Highlight sind die spektakulären Rennen mit den traditionellen Schlickschlitten, den Kreiern. Diese wurden früher von den Fischern benutzt, die ihre Reusen im Watt stehen hatten. Oh: *Wältmeisterschaft* – abgeleitet von *wältern* = sich wälzen.

Schöfeln ist das ostfriesische Wort für Eislaufen. Doornkaat-Koolman behauptet in seinem großartigen Wörterbuch im III. Band, das Wort gebe es nur in Ostfriesland. Nicht ganz richtig. Dahinter steckt das Wort „Schaufel", mittelhochdeutsch „scûfel", plattdeutsch heißt dieses Gerät Schüppe oder Schöffel. Nun ist es nicht mehr weit zum Schöfel, dem Schlittschuh.

Schofftied Vielleicht das beste Wort Ostfrieslands! Und warum? Nun: Im Osten Ostfrieslands, also bis oder hinter Aurich, je nachdem, heißt *Tied* „Zeit" und *Schoff* hängt mit „schaffen" zusammen. (Schaffe, schaffe, Häusle baue ...) *Schofftied* also Schaffenszeit, Arbeitszeit. Im Westen besteht ein starker niederländischer Einfluss, und da kennt man die schoft-tijd, die *Schofftied*, als Pausenzeit, zum Ausruhen und Essen.

schoon heißt „sauber" und ist sicherlich mit „schön" verwandt. Schön heißt aber ja *mooi*. Das Mädchen ist eine echte Schönheit: *Dat Wicht is 'n Ogensteker* (sticht ins Auge). Aber da *schoon* nicht nur „sauber" heißt, sondern auch *klar, hell, blank, rein, schön könnte man wohl auch sagen: Dat Wicht is 'n rechte Schoonheid.*

Schott Auch im Hochdeutschen kennen wir das Wort „abschotten". Eine wasserdichte Querwand im Schiff nennt man Schott. *„Dat Schipp is unnergaan, se kunnen de Schotten neet froh genoog dichtkriegen."* – Das Schiff ist untergegangen, sie konnten die Schotten nicht früh genug schließen.

Schötteldook Das Spültuch, der Wischlappen. Früher oft zu lange benutzt. Darum gibt es eine Reihe Gedichte und Geschichten dazu.

Schöttelwater heißt Abwaschwasser. Gut zu wissen: Das kann auch für dünnen Tee stehen. *De hör Tee smeckt ja as Schöttelwater*. Ihr Tee schmeckt wie Spülwasser. – Schlecht! ➤ *plörig*.

Schull – Scholle Ein sehr schmackhafter Plattfisch. ➤ *Butt*, ➤ *Scharntje*

schummeln Woanders ist das „mogeln", in Ostfriesland außerdem „saubermachen". Wenn die Ferienhausvermieterin also sagt, dass sie gestern erst geschummelt hat, dann ist das gut.

schüddkoppen Wenn dieses Wort Kopfschütteln erzeugt, liegen Sie richtig. Und das gegenteilige Wort ist natürlich nickkoppen. Sie nicken? Gut!

Seegatt Ein Seegatt ist die „Lücke" zwischen den Inseln, um auf die offene See zu gelangen. In diesen Seegatten ist das Wasser nicht sehr tief, so dass die Wellen da brechen. Bei starkem Wind aus Nordwest meide man die Durchfahrt.

Septembermaant is Plattdüütsmaant! Eine recht erfolgreiche Kampagne: Besonders im September sollen möglichst viele ganz bewusst Platt sprechen, zu Hause, im Beruf, ach, überall. Auch das Radio Ostfriesland und die Tageszeitungen sind hoffentlich dabei.

Siel Das Problem, wenn man Deiche baut, besteht darin, das Wasser aus dem Binnenland in die offene See zu befördern. Ein *Siel* ist ein verschließbarer Gewässerdurchlass in einem Deich. Das Schließen erfolgt normalerweise durch den höheren Druck bei höherem Wasserspiegel auf der Seeseite, das Öffnen durch höheren Druck von der Binnenseite bei niedrigem Wasserstand auf der Seeseite. Ein Siel ist also ein Ventil zur Entwässerung des hinter dem Deich gelegenen Binnenlandes, besonders der Marschgebiete. Ein Siel funktioniert also fast ohne laufendes menschliches Zutun. Nur wenn längere Zeit kein Regen gefallen ist, werden die innen liegenden Sieltore geschlossen, so dass kein Süßwasser abläuft. Und bei länger stehendem

Borssumer Sieltor in Emden von der Landseite aus gesehen: Bei ablaufendem Wasser öffnet es sich automatisch.

Hochwasser, so bei einer Sturmflut, bleiben die äußeren Tore geschlossen und das Binnenwasser steigt und steigt. Heutzutage übernehmen Schöpfwerke den wesentlichen Teil der Entwässerung, aber es werden auch noch Siele wieder in Gang gebracht.

Slickerbeck eine Naschkatze. *Slickern* = naschen; ➤ *Beck* = Mund.

Slingertuun (niederländisch slingertuin) Slingertunen waren im 19. Jahrhundert in den benachbarten Niederlanden sehr in Mode. Sie waren eine Abwandlung des englischen Landschaftsgartens und bestachen vor allem durch die geschlungenen Pfade, die durch die Anlagen führten. Ein solcher parkähnlicher Garten befand sich um 1900 auch zwischen dem ➤ Steinhaus Bunderhee und dem ➤ *Gulfhof* der Familie Hesse, später Tammen. Im Laufe der Jahrzehnte war davon aber kaum noch etwas zu sehen. Die ➤ *Ostfriesische Landschaft* hat die Anlage aufwendig saniert und wiederhergestellt. Der Garten zwischen dem Steinhaus und dem benachbarten Gulfhof präsentiert sich wieder als „Slingertuin" aus dem 19. Jahrhundert.

Sloot-Hüßi – Flusspferd Flusspferde gibt es in Ostfriesland bekanntlich nicht, eigentlich auch kaum Flüsse, stattdessen Schlote, und so würde ein Flusspferd in Ostfriesland (und das Wort wird tatsächlich auch gebraucht): „Sloot-Hüßi" heißen. *Hüßi* (Kindersprache): Pferd – nach dem Zuruf „Hü!", wenn das Pferd loslaufen soll.

Slüüs (Schleuse) & Verlaat Ein interessanter Blick auf entgegengesetzte Weltsicht: Eine *Schleuse* verschließt einen Kanal oder Hafen. Die Wortwurzel liegt im Lateinischen „exclusa", kam nach Frankreich als „écluse". In den Niederlanden wurde es zur „sluis", gesprochen „*Slüüs*". Und kam so nach Norddeutschland und 1401 als *Schleuse* ins Hochdeutsche. Das „Abgeschlossene" beim Wort Schleuse ist kaum noch sichtbar, aber *Kloster, Klausur*, englisch *close* gehören auch in dieses Wortfeld. Und das englische *lock* = Schloss, Schleuse zielt in dieselbe Richtung. – Und dagegen dann das *Verlaat. Verlassen* klingt an. Hier ist ein Durchlass! Hier kann ich das Binnenland, das Moor verlassen! Hinaus in die weite Welt.

Die Kesselschleuse in Emden, ein in Europa einzigartiges Bauwerk, verbindet vier Wasserstraßen miteinander.

Smacht – Hunger *Daar proten / snackt de Lüü(d) all van mien vööl Eten, man / aver nüms proot / snackt van mien grote Smacht / Hunger.* Guten Hunger! / Guten Appetit! *Smakelk Eten! (smakelk:* lecker)

Smachtlapp – Hungerleider *Bi disse Smachtlapp kannst du de Ribbens tellen.*

snacken heißt *sprechen*. Genau wie ➤ *proten, seggen, spreken,* auch *klönen. He snackt as 'n Mettwurst, waar 't Fett utlopen is.* (redet gehaltloses Zeug). *Nu laat uns man eerst 'n bietje mitnanner klönen!* Daraus kann sich sehr schön ein *Klöönsnack* entwickeln. Oder anders ausgedrückt: *'n Prootje. Dat is blot so 'n Snack*: Nur so 'n Spruch, Gerede, eine Floskel.

Snirtjebraa – Schweinebraten ist ein beliebtes ostfriesisches Fleischgericht. Der Name leitet sich vom *snirrtjen*, auch: *sniertjen*, dem plattdeutschen Wort für brutzeln oder braten ab. Das Gericht besteht aus großen Schweinefleisch-Stücken, traditionell meist aus dem Nacken oder der Schulter, die vor dem Anbraten mit Nelken, Piment, Wacholderbeeren und Lorbeerblättern vermischt werden. Die Fleischstücke werden zusammen mit vielen Zwiebeln angebraten. Dann wird das Fleisch mindestens zwei Stunden geschmort und so besonders zart. Dazu kann etwas Mehl, Wasser zum Ablöschen sowie Salz und Pfeffer zum Würzen hinzugefügt werden. Wer möchte, kann zum Abbinden ein wenig Tomatenmark hinzufügen oder mit Sahne abschmecken. Zum *Snirtjebraa* werden in Ostfriesland vor allem Rotkohl, Gewürzgurken, Rote Bete, Kürbisstückchen und Salzkartoffeln gereicht. Dazu wird gerne kaltes Bier getrunken. Ursprünglich war der

Snirtjebraten das gemeinsame Essen nach dem Schlachten eines oder mehrerer Schweine. Die Schweine wurden meistens am frühen Morgen geschlachtet. Der fettreiche Nacken oder die Schulter wurden als Erstes aus dem Schwein herausgeschnitten und grob zerteilt, gewürzt, angebraten und während der restlichen Schlachtung geschmort. War das Schwein komplett zerlegt, wurden dann gegen Mittag meistens auch die Nachbarn zum fertigen Essen eingeladen. *Wenn Sie das selber zubereiten wollen: Nehmen Sie kein Filet, das ist viel zu trocken!*

Snuut zunächst der Mund, das Maul, die Schnauze, dann aber auch das ganze Gesicht. *Du musst woll een up de Snuut hebben. – Se kann de Snuut neet / nich hollen.* – Versteht man so.

Snutenpulli, Spütterdook *Snutenpulli* ist ein recht neues Wort, entstanden wegen der Corona-Pandemie. *Snutenpulli* und *Spütterdook* klingen doch nett, viel schöner als Schnauzenpullover, Spritz(schutz)tuch, Mundnasenmaske oder FFP 2.

Sonnenscheibe Die Goldscheibe von ➤ *Moordorf,* auch *Sonnenscheibe* genannt, ist eine Skulptur, die in die zweite Periode der Bronzezeit (etwa 1500 bis 1300 v. Chr.) datiert wird. Ein Bewohner Moordorfs, Vitus

Die Sonnenscheibe von Moordorf ist möglicherweise ein astronomisches Gerät wie die Himmelsscheibe von Nebra.

Dirks, entdeckte sie 1910 beim Torfgraben. Er beachtete den Fund lange Zeit kaum und verkaufte sie irgendwann an einen fahrenden Händler. Zwischenzeitlich war sie verschollen. Heute gehört die Skulptur zum Bestand des Niedersächsischen Landesmuseums in Hannover. Eine Kopie befindet sich im Ostfriesischen Landesmuseum in Emden, eine weitere im Moormuseum Moordorf.

söven Eilannen ➤ *Ostfriesische Inseln*

Spanten Wenn der ➤ *Kiel* das Rückgrat eines Schiffes oder Bootes darstellt, dann sind die Spanten die Rippen, die dann wiederum die „Haut" des Bootes tragen: Stahl, Holz, Kunststoff oder Aluminium.

Speckendicken Das Wort, aus Speck und dick zusammengesetzt, verrät schon viel über seine Bedeutung: Ein furchtbar leckeres, wie so oft aber auch seeehr nahrhaftes Essen. *Speckendicken* kann man gut in einem Waffeleisen zubereiten. Das Rezept wie folgt: *1 kg Roggenmehl, 500 g Weizenschrotmehl, 250 g Sirup, 200 g Zucker, 1 Päckchen Kardamom, gemahlen, 1 Päckchen gemahlener Anis, 6 Eier, 250 g Schmalz, ¼ Liter Milch, ½ Päckchen Backpulver, luftgetrocknete Mettwurst.*

Die Milch mit dem Sirup, dem Zucker und dem Schmalz lauwarm erwärmen. Man gibt das Mehl in eine Schüssel, in die Mitte die verschlagenen Eier, die erwärmte Milch, die Gewürze und das Backpulver. Zu einem dickflüssigen Teig verarbeiten, der dann eine Nacht ruhen muss. In ein Waffeleisen (zur Not in eine Pfanne) den Teig geben, einige Mettwurstscheiben darauf und backen.

Warnung: Äußerst nahrhaft!! Nicht zufällig heißt der ➤ *Olljahrsavend*, der Silvesterabend, auch *Dickebuuksavend!*

Spegelplaat Eine Neuschöpfung aus Groningen und Ostfriesland: Viel schöner als CD. *Spegelplaat* oder *Spegelschiev*, das klingt doch schön und elegant, und einmal gehört, weiß man, was das ist.

Spekulatius – Sünnerklaasgood Dieses Gebäck wird auch *Sünnerklaasgood* (Nikolauskeks) genannt, weil es vor allem in der Vorweihnachtszeit gebacken und gegessen wird. Das Wort ist verhältnismäßig jung. Es kommt wohl aus dem Niederländischen als spîkelâtsje. Ursprünglich handelte es sich um ein plastisches Zuckerbackwerk, dann wurden es Kekse mit figürlichen Darstellungen. Die konnte man betrachten und darüber *spekulieren*, was da wohl zu erkennen war.

Spijöök Neckereien, Faxen, Scherze sind *Spijöök*. Im Vareler Hafen gibt es dafür ein passendes Museum, das natürlich *Spijöök* heißt.

Spökenkieker ein Geister- und Gespensterseher, jemand, der Unglück und Negatives zu sehen glaubt, ein Pessimist. *Du oll Spökenkieker!*

Stapelloop – Stapellauf Der Stapellauf ist ein kritischer Moment beim Schiffbau. Während des Baus ist der Schiffskörper auf einen festen Sockel gestützt, diesen bezeichnet man als *Helling*. Auf einem *Stapel* aus Holzbohlen, auch *Pallen* genannt, wird der ➤ *Kiel* gelegt. Die Bohlen werden vor dem Stapellauf dick mit Fett eingeschmiert. Das Schiff wird erst wenige Stunden vor dem Stapellauf durch das Lösen der Seitenpallen ins Fett herabgelassen, damit es sich nicht festsaugt und das Schiff eventuell nicht ins Gleiten kommt. Beim Stapellauf werden dann die Pallen, die das Schiff bis dahin seitlich und achterlich (nach hinten) gehalten haben, weggeschlagen, und durch sein eigenes Gewicht rutscht das Schiff ins Wasser. Je nach Werft wird auch ein Abdrücker verwendet, der das Schiff notfalls anschiebt. Oder ein Schlepper zieht an einer langen Leine und kann es dann auch im Wasser abbremsen oder dirigieren. In der Regel fangen die Schiffe aber nach acht bis zehn Sekunden selber an zu laufen. Der Stapellauf der „Melanie Schulte“ am 8. September 1952 in Emden misslang. Das Schiff blieb auf dem Ablaufhelgen stecken. Erst viele Stunden später gelang es, die „Melanie“ zu Wasser zu bringen. Unter den Seeleuten galt das als schlechtes Omen. ➤ *Melanie Schulte.*

Steenhuus – Steinhaus Bei den Friesen waren feste Häuser – außer der Kirche – lange Zeit verboten, damit niemand auf diese Weise eine Herrschaft aufbauen konnte. Wie die Geschichte zeigt, hatten sie mit ihrer Sorge vollkommen recht. ➤ *Freeske Freeiheid* / Friesische Freiheit, ➤ *Hoofdlinge* / Häuptlinge

Steert Schwanz, Schweif, Haarzopf, Penis, und der Balken, mit dem man die ➤ *Windmühle* in den Wind dreht. Ein paar nette Sprüche: „*De ’n Ei unner de Steert hett, kann woll kakeln* (gackern).“ – Wer reich ist, kann auch große Reden schwingen. „*De Hund blifft alltied vör de Steert.*“ – Die Natur ändert sich nicht. „*De over/över de Hund kummt, kummt ok over/över de Steert.*“ – Wer mit größeren Aufgaben fertig wird, meistert auch kleinere. „*So mehr man de Katt eit, so hoger draggt se de Steert.*“ Je mehr man jemandem schneichelt, desto eitler wird er.

Steven Die Steven gehören zum „Skelett" des Schiffsrumpfes. Sie stellen die vordere und hintere *(Vor- und Achtersteven)* Verlängerung des Kiels eines Schiffes oder Bootes dar. Der Vor- oder Vordersteven ragt, je nach Schiffstyp, geradlinig schräg oder auch senkrecht am Bug des Schiffes aus dem Wasser. Der Achter- bzw. Hintersteven ist die hintere Begrenzung des Schiffsrumpfes. Auch er kann je nach Schiffstyp oder Heckform unterschiedlich geformt sein. Er schließt das Schiff achtern ab und sorgt für Festigkeit. Bei vielen Schiffs- oder Bootstypen ist am Achtersteven das Ruderblatt befestigt. Schön zu sehen sind Vor- und Achtersteven bei den Langschiffen der Wikinger.

Stipp Die Deutschen sagen Tunke, die Franzosen Sauce.

Störmflood – Sturmflut Sturmfluten waren jahrhundertelang wohl das größte Problem der Marschbewohner. Der Spiegel der Nordsee stieg stetig an: Waren zur Römerzeit noch Warften ausreichend, um sich vor der Flut zu schützen, musste spätestens seit dem Jahr 1000 ein Deich das Land schützen. Wenn der aber brach, kam es schnell zu einer Katastrophe. Die Meeresbuchten Dollart, Leybucht, Harlebucht und Jadebusen wurden allesamt von der Nordsee ins Land gerissen, teilweise wurde dieses Land dann mühsam zurückgewonnen.

Die Berichte über ältere Sturmfluten sind sehr unsicher, besonders was die Zahlen der Toten angeht. Aber einige besondere Fluten sollten doch genannt werden: Bei der Luciaflut 1287 wurden die Deiche teilweise vernichtet, angeblich gab es 50 000 Tote, der Einbruch des Dollarts erfolgte, und Zuiderzee und Lauwerszee erweiterten sich. Bei der Zweiten Cosmas- und Damianflut 1509 brach die Ems südlich von Emden durch. Größte Ausdehnung des

Dollarts. Deiche im Jadebusen brachen. An der Nordwestecke des Turmes der Suurhuser Kirche ➤ *Suurhusen* markiert ein eingemauerter Sandstein den Stand der Allerheiligenflut von 1570 auf einer Höhe von 4,40 Metern über Normalnull.

Bei der Weihnachtsflut von 1717 sah es nach schweren Stürmen über den ganzen Tag am Abend danach aus, als würde der Wind nach Südwest drehen, dann wäre alles gut. Doch er drehte um Mitternacht wieder und mit größerer Stärke auf Nordwest zurück und überraschte die Menschen im Schlaf. Es gab 11 500 Tote, Verwüstungen ungeheuren Ausmaßes, 8 000 Häuser wurden zerstört, 90 000 Rinder ertranken.

Geographische Vorstellung der jämmerlichen WASSER-FLUTT in NIEDERTEUTSCHLAND, welche den 25. Dec. Ao. 1717, in der heiligen Christ-Nacht, mit unzählichen Schaden und Verlust vieler tausend Menschen einen großen theil derer Hertzogth. HOLSTEIN und BREMEN, die Grafsch. OLDENBURG, FRISLANDT, GRÖNINGEN und NORT-HOLLAND überschwemmet hat. (1720)

Durch die Allerheiligenflut 1825 war Ostfriesland bis zum Geestrand überschwemmt. Der Wasserstand betrug damals in Neuharlingersiel 4,70 Meter über Normalnull, genauso wie bei der Sturmflut 1962, in der Ostfriesland glimpflich davonkam, anders als zum Beispiel Hamburg.

Störtebeker ist der berühmteste Pirat der südlichen Nordsee. Zusammen mit Gödeke Michels war er Anführer der Vitalienbrüder in der Ostsee, die Stockholm mit Lebensmitteln versorgten. Stockholm war der letzte Stützpunkt des schwedischen Königs. Nach dessen Niederlage setzten sich die Seeräuber auf Gotland fest, wurden vertrieben und wechselten ab 1396 in die Nordsee. Hier fanden sie bei den Häuptlingen Unterschlupf, zum beiderseitigen Vorteil. Die Handelsroute der Hansekaufleute lief direkt an den ostfriesischen Inseln vorbei. Die Hanse rüstete 1400 eine Strafexpedition aus und besiegte eine Piratenflotte in der Osterems, 80 Seeräuber starben, 34 wurden hingerichtet, doch die Anführer entkamen.

Bemerkenswert ist jetzt, dass am 15. August 1400 Herzog Albrecht I. von Bayern und Graf von Holland mit den Vitalienbrüdern einen Vertrag schloss, dem zufolge nahm er 114 Vitalienbrüder auf und stellte sie unter seinen Schutz. Acht Hauptleute werden namentlich genannt, darunter ein *Johan Stortebeker*. 1413 wurde ein Kapitän Johann Stortebeker vom englischen König Heinrich V. mit 40 Mann Besatzung unter Vertrag genommen, um englische Handelsschiffe zu beschützen.

Wieso Johann und nicht Klaus? Weil unser Störtebeker wohl Johann hieß! In allen Berichten und Erzählungen heißt es, dass er zwei Liter Wein in einem Zuge *herunterstürzen* konnte: „Stürz den Becher." Es gab einen Becher mit einem Gedicht, aufbewahrt in einem

Hamburger Museum. leider beim Großen Brand 1842 verloren gegangen. Darauf stand: *Ik Jonker Sissingha / van Groninga, Dronk deze henza / In een flenza Door myn kraga / In myn maga.* (Ich, Junker Sissingha aus Groningen, trank diesen Becher in einem Zuge durch meinen Hals in meinen Magen.) Poetisch mäßig gut gelungen, aber eine klare Mitteilung: Störtebeker stammt aus dem Groninger Land. Und wenn er 1413 mit einem Kaperbrief des Königs von England ausgestattet wurde, kann er nicht 1401 in Hamburg hingerichtet worden sein. Belege gibt es dafür übrigens auch nicht.

Störtebekerdeep – Störtebekertief So hieß noch lange ein ehemals schiffbarer Wasserlauf von der Leybucht bis zur Kirche von Marienhafe. Selbst heute noch ist er vom Kirchturm aus in der Landschaft wahrzunehmen.

Strandgood, -recht – Strandgut, -recht Das Strandrecht regelt die Rechtsverhältnisse am Strandgut und bei Schiffbruch. Zum Strandgut zählen sowohl einzelne Güter, die an den Strand getrieben werden, als auch gestrandete Schiffe oder Wracks und das persönliche Eigentum der Besatzung. Es sind in Europa bereits aus heidnischer Zeit entsprechende Gebräuche und Rechtsnormen überliefert, nach denen es den Küstenbewohnern erlaubt war, den anliegenden Strand in jeder Hinsicht zu nutzen. Das Strandgut fiel dem Finder nach dem Strandrecht allerdings nur dann zu, wenn es keine Überlebenden gab, wofür die Küstenbewohner mitunter auch selbst sorgten, zum Beispiel durch Löschen oder Versetzen von Leuchtfeuern, denn sie sahen das Strandgut als wichtige Einnahmequelle an. Eine Strandungsordnung des Deutschen Reiches von 1874 wurde 1990 aufgehoben. Damit gilt seitdem auch für Strandgut ohne Einschränkung das Fundrecht.

Streektaal – Regionalsprache Wenn ein *Streek* ein Strich ist, auch ein *Landstrich*, und *Taal* erkannt wird als Sprache, dann ist das schon fast die Lösung: Die Sprache einer Landschaft, einer Region also. Unser ostfriesisches Platt ist eine Streektaal.

strumpeln – stolpern *Da bin ich gestrumpelt. – Er hat mich strumpeln lassen.* Immer noch völlig normale Redeweise ostfriesischer Kinder. Klingt doch auch viel schöner als „*hat mir ein Bein gestellt.*“.

Stüür, dat – Steuer, das *'n Mann sünner Frau is as 'n Schipp sünner Stüür*: Ein Mann ohne Frau ist wie ein Schiff ohne Steuer. So klug sind die Ostfriesen. Andererseits heißt es aber auch: *Hier hett de Frau de ➤ Büxen an,* wenn sie das Steuer in der Hand hält.

Stüür, de – Steuer, die *Wi doon so, as wenn wi arm Lüü sünd, denn bruken wi neet so vööl Stüren betahlen* – wir tun so, als ob wir arme Leute sind, dann brauchen wir nicht so viele Steuern zu bezahlen. In jeder Hinsicht naiv. Siehe ➤ *Deux-aes-Bibel.*

stüürn – steuern Für die richtige Lenkung eines Schiffes ist der Steuermann verantwortlich. Aber „*de beste Stüürlüü stahn an de ➤ Wall*“, die besten Steuerleute stehen am Ufer. Mit einer Prise Ironie. Durchaus ernsthafter, vielleicht gar nicht so locker daher gesagt, ist da der Spruch: *Gott hilft dem Seemann in der Not, doch steuern muss er selber.*

Stuutjes – Brötchen Wenn ein Stuut oder Stuten ein Weißbrot ist, s. auch ➤ *Krinthstuut,* dann sind *Stuutjes* offensichtlich kleine Weißbrote, eben Brötchen.

Sünnerklaas – (Sankt) Nikolaus Früher brachte der Sünnerklaas die Gaben in der Nacht zum 6. Dezember, das hat sich gewandelt, jetzt kommt der Weihnachtsmann und bringt viel mehr. Die selbe Entwicklung sehen wir bei unseren Nachbarn: Noch kommt der Sinterklaas mit oder bald ohne den Swarten Piet, seinem Helfer, aber das deutsche Vorbild Weihnachten überzeugt die Niederländer mehr und mehr.

Sünnerklaasgood ➤ *Spekulatius*

Suurhusen Einen der ostfriesischen Weltrekorde hält das kleine Dorf Suurhusen bei Emden: Hier steht – amtlich anerkannt – der schiefste Kirchturm der Welt! Und dass er noch steht, hat harte Arbeit gekostet. Wegen des weichen Untergrundes und der Absenkung des Grundwassers faulten die Stämme, auf denen der Turm stand. Jetzt ist alles stabilisiert, und der Turm hat weiterhin bei einer Höhe von 27,37 Metern am Dachfirst einen Überhang von 2,47 Metern, was einer Neigung von 5,19 Grad entspricht. Die Neigung des *Schiefen Turms von Pisa* dagegen beträgt „nur" 3,97 Grad.

Weltrekordhalter: der schiefe Kirchturm von Suurhusen

Swaan up de Karktoorn – Schwan auf dem Kirchturm Der Schwan auf dem Kirchturm ist das Zeichen der Lutheraner. Als Johann Hus hingerichtet wurde, soll er gesagt haben: „Ihr bratet heute eine arme Gans (Hus – tschechisch – heißt Gans), aber aus der Asche wird ein Schwan entstehen". Dies bezog man auf Martin Luther und machte darum den Schwan zu dessen Attribut.

Sweert – Schwert Ein Schwert kann eine gefährliche Waffe sein, aber auch eine Waffe im Kampf mit See und Wind gegen die ➤ *Abdrift*. Segelboote haben entweder einen Kiel oder ein Schwert, ➤ *Plattbodenschiffe* sogar zwei, an jeder Seite eines.

Swientje Ein *Swientje* ist natürlich ein kleines Schwein, auch ➤ *Bigg* genannt. Und es ist eine grobe Bürste mit Schweineborsten – zum Saubermachen, zum *swientjen*.

Swientuffel ist der ostfriesische Name für den oder die Topinambur, einer sonnenblumenähnlichen Pflanze, deren Wurzelknollen recht schmackhaft sind.

En Koppke Tee mit Wulkje. Die Ostfriesen sind Weltmeister im Teetrinken.

Tee Weltmeister im Teetrinken sind die Ostfriesen. Nirgendwo in der Welt wird pro Kopf mehr Tee getrunken. Im Durchschnitt trank im Jahr 2016 (letzte vorliegende amtliche Zählung) jeder Ostfriese rund 300 Liter Tee, das entsprach in etwa dem Elffachen des deutschen Durchschnittsverbrauchs. Damit haben die Ostfriesen den weltweit größten Teeverbrauch pro Kopf. In der Türkei waren es pro Person 283 Liter, gefolgt von Afghanistan mit 279 Litern und Libyen mit 275 Litern. Im Tee-Land Großbritannien wurden im Durchschnitt 201 Liter konsumiert. Deutschland als Ganzes ist dabei weit abgeschlagen: Der durchschnittliche Pro-Kopf-Verbrauch liegt bei gerade einmal 28 Litern.
Und so trinkt man in Ostfriesland den Tee: In die kleinen Tassen, die *Koppkes*, kommt zunächst ein ➤ *Kluntje*, ein Stück Kandiszucker. Dann wird der frisch aufgebrühte Tee eingegossen. Darauf kommt das ➤ *Wulkje*, eine Wolke

aus Sahne, die mit einem speziellen Sahnelöffel aufgelegt wird. Umgerührt wird nicht. Man genießt so zuerst die kühle Sahne, dann den herben Tee, am Schluss den süßen Kandis. Im Norder Teemuseum werden weitere tiefe Einblicke in die Ostfriesische Teezeremonie, ein UNESCO-Weltkulturerbe, gegeben.

Teebeutelweitwurf Angeblich eine ostfriesische Sportart. Wir lehnen solches ab.

Teek ist das, was die See an Pflanzenresten so anschwemmt, und dann am Flutsaum liegen bleibt. Zusammen mit dem sonstigen angeschwemmten Müll kann der Teek Schäden am Deichfuß verursachen und muss deshalb entfernt werden. Eine Aufgabe der ➤ *Diekacht*.

Teenöös So wird jemand genannt, der viel und gerne Tee trinkt.

Theelacht (sprich Theel-Acht) Die *Theelacht* zu Norden ist die älteste bäuerliche Genossenschaft in Europa. Nachdem ein Bauernheer ein großes Wikingeraufgebot erfolgreich zurückgeschlagen hatte, schenkte der Bischof von Bremen den Beteiligten ein größeres Stück Land als gemeinsames Eigentum. Dieser Anteil vererbt sich in der männlichen Linie, der jüngste Sohn wird *Arvbuur* (Erbbauer), die andern Brüder können *antasten* (ihren Anspruch gleichfalls geltend machen), genau wie die Söhne der Töchter eines Arvburen. Um aufgenommen zu werden in den erlauchten Kreis muss der Kandidat dreimal würfeln und so viele Becher starkes Bier trinken, wie die Würfel Augen zeigen, das sind „natürlich" 18. Man kann sich aber freikaufen. Zweimal jährlich werden die Erträge der Ländereien feierlich ausgezahlt. Ach ja: Frauen sind nicht zugelassen.

Das Wappen der Theelacht, wohl von 1635, mit dem halben Königsadler – Anspruch der Reichsunmittelbarkeit – und dem Heiligen Michael, zu dessen Füßen ein Drache liegt.

Tide – die Gezeiten Die Tide oder die Gezeiten nennt man den steten Wechsel von Ebbe und Flut. Dabei bezeichnet Ebbe den Zeitraum von etwa sechs Stunden *„oflopend Water“*, wo das Wasser abläuft, die Flut *(de Flood)* sind die sechs Stunden *„uplopend Water“*. Dazwischen liegt ein kurzer Zeitraum des Stillstands, *Hoogwater* (Hochwasser) am Ende der Flut, *Leegwater* (Niedrigwasser) am Ende der Ebbe – und neuem Anstieg des Wasserspiegels. Die Anziehungskräfte von Sonne und Mond sorgen für Ebbe und Flut an den Küsten. Weniger bekannt ist, dass auch der Mond solchen Gezeitenkräften ausgesetzt ist. Und weil die Schwerkraft der Erde viel stärker ist als die des Mondes, ist die Wirkung in der Gegenrichtung auch viel stärker. Das hat dazu geführt, dass der Mond der Erde immer dieselbe Seite zuwendet. Umgekehrt bremsen die Gezeitenkräfte des Mondes und der Sonne auch die Rotation der Erde ganz langsam ab. Vor 400 Millionen Jahren dauerte eine Drehung der Erde nur rund 22 Stunden. Diese Abbremsung der Erdrotation führt ihrerseits dazu, dass der Mond sich langsam von der Erde entfernt – derzeit um etwa drei bis vier Zentimeter pro Jahr.

Endlos erstreckt sich das Watt, der Übergang zwischen Himmel und Erde ist nur zu erahnen – das ist Ostfriesland.

Es wird immer behauptet, dass die Anziehungskräfte von Sonne und Mond die Gezeiten verursachen. Das ist allerdings nur bedingt richtig. Die Sonne übt etwa 10 Prozent der Kraft aus, der Mond 90 Prozent. Doch würde vor allem der Mond die Flutwelle erzeugen – dann dürfte es doch nur *eine* geben pro Tag. nicht zwei. Der Mond wird wohl kaum die Flut an der gegenüberliegenden Seite des Erdballs *hochdrücken*! Da gilt es, nachzudenken! Also: Mond und Erde bilden ein System mit einem gemeinsamen Schwerpunkt. Sowohl der Mond als auch die Erde kreisen beide um diesen Systemschwerpunkt. Da die Masse der Erde 81-mal so groß ist wie die des Mondes, befindet sich dieser Schwerpunkt noch im Inneren der Erde. Er liegt 1500 Kilometer unter der Erdoberfläche, Durch die kreisförmige Bewegung um den Systemschwerpunkt wirkt eine identische Beschleunigung (und Fliehkraft) auf jeden einzelnen Punkt der Erde. Diese Fliehkraft ist also überall auf der Erde gleich groß und hat die gleiche Richtung: vom Mond wegweisend. Die Kraft des Mondes erzeugt für jeden dieser Punkte eine nahezu entgegengesetzte Beschleunigung. Auf der mondnahen Seite der Erde ist das Gravitationsfeld etwas stärker als die in die Erde gewandte Fliehkraft, und es bildet sich der erste Flutberg. Auf der mondfernen Seite ist die vom Mond abgewandte Fliehkraft stärker als die Mondgravitation, und es bildet sich der zweite Flutberg. Da standen Sie bislang am grauen Watt oder am trüben Wasser und dachten: ziemlich öde! Und wussten nichts von der so engen Verbindung der ostfriesischen Küste mit dem Universum. Nachbemerkung: Weitere Einflüsse auf Ebbe und Flut haben natürlich der Wind und die jeweilige Küstenform. Für Seefahrer zu berücksichtigende Gesichtspunkte. Der normale Tourist merkt davon nur etwas, wenn er auf der Fahrt von Juist auf halbem Wege im Watt stecken bleibt.

Tidenhub Mit Tidenhub bezeichnet man den Unterschied zwischen Hoch- und Niedrigwasser. Er beträgt in Wilhelmshaven z. B. 3,8 Meter, in Norderney und Borkum 2,5 Meter, in Emden 3,3 Meter.

Tiefster Punkt Ostfrieslands – Deepste Stee van O... Nach vielen Versuchen in früheren Jahrhunderten wurde das Freepsumer Meer trockengelegt und 1983 mit 2,5 Meter unter NN als tiefster Punkt Deutschlands in das Guinnessbuch der Rekorde eingetragen. Seit 1988 gilt jedoch leider eine Stelle in der Wilstermarsch in Schleswig-Holstein als tieferliegend. Immerhin – Ostfrieslands tiefster Punkt bleibt es. Bei Freepsum.

Tonnen Tonnen sind schwimmende ➤ *Seezeichen*. Im Gegensatz zu ➤ *Bojen*, die lediglich Markierungen darstellen. Das Betonnungssystem ist ausgesprochen durchdacht, und jede Tonne teilt viel mit: So sind in Europa, Asien und Afrika, wenn man von See kommt, die Tonnen an der Steuerbordseite (für Landratten: rechts)

Auf dem Tonnenhof: Frisch gestrichen für die neue Saison stehen die Seezeichen bereit.

grün, spitz und mit einer ungeraden Nummer versehen. Die Tonnen der Backbordseite dagegen sind rot, stumpf und mit einer geraden Nummer versehen. Leuchttonnen sind erheblich größer und haben eine Kennung, das heißt, sie leuchten in unterschiedlichem Rhythmus. Die Taktung ist der Seekarte zu entnehmen. Die roten und grünen Tonnen begrenzen das Fahrwasser, es gibt daneben auch noch gelbe Tonnen, die verschiedene Sonderfälle anzeigen, zum Beispiel eine Gasleitung, ein Sperrgebiet oder eine Untiefe wie einen Damm oder ein Wrack. Die gelben Tonnen, die als Toppzeichen zwei Dreiecke nach oben haben, liegen nördlich der Untiefe und müssen nördlich umfahren werden. Bei der Südtonne zeigen die beiden Spitzen nach unten, bei der Osttonne ein wenig an ein O erinnernd nach oben und unten, bei der Westtonne zeigen die Spitzen zueinander, das erinnert an eine Sanduhr und daran, dass im Westen die Sonne untergeht.

Töönbank – Ladentheke Sehr selten geworden ist der Begriff, denn auch die Sache gibt es kaum noch. Vorwiegend in Museen begegnet uns die *Töönbank* heutzutage noch. Oder in kleinen Geschäften, wo Platt noch Umgangssprache ist?

Töverland – Zauberland So nennen die Juister ihre Insel. Und sie haben recht! Nicht nur, weil es wirklich ein zauberhaftes Eiland ist, sondern auch, weil aus dieser ehemaligen Sandbank (➤ *Juist*, also *güst* heißt „unfruchtbar") in jeder Weise eine Konkurrenz zu Sylt entstanden ist.

Törf -Torf Torf – ein kostbares Gut und viel zu schade zum Verbrennen oder als Blumenerde. Das Moor wächst um 1 mm im Jahr, braucht also 1000 Jahre für einen Meter. Ist Lebensraum für seltene Tiere und Pflanzen wie Orchideen. Und bindet CO_2. ➤ *Fehn*, ➤ *Moorkultivierung*

trankiel So sehen sich die Ostfriesen gern: beherzt, dreist, entschieden, entschlossen, forsch, frank, freimütig, furchtlos, herzhaft, kaltblütig, kühn, mannhaft, ruhig, tapfer, unerschrocken, zielbewusst. Das alles ist *trankiel*. Aber woher kommt das Wort? Aus dem Lateinischen. Über dem Schild des Borkumer Wappens liegt ein Spruchband mit schwarzer Schrift: „MEDIIS TRANQUILLUS IN UNDIS" (= ruhig inmitten der Wogen).

Treckpott die Teekanne – in der der Tee ziehen muss. *Trecken* = ziehen.

Treibhaus ➤ *Drievhuus*

Trockenstrand Eine wunderbare Erfindung. Und sehr beliebt bei Touristen mit kleinen Kindern. Der Trockenstrand besteht aus einer großen Sandfläche und einem nicht zu tiefen Teich und liegt hinter dem Deich – von der Seeseite aus gesehen. Also sauber und sicher. In Upleward, einer kleinen Ortschaft an der Westküste Ostfrieslands, zehn Kilometer nordwestlich von Emden, zu finden.

trüseln sich schwankend bewegen.

Tschüs! Tschüs als Abschiedsgruß ist inzwischen in ganz Deutschland verbreitet und beliebt und in allen Gesellschaftsschichten und Altersgruppen gebräuchlich. *Tschüs* hat sich in Norddeutschland allmählich aus dem bis in die 1940er-Jahre üblichen *atschüs* entwickelt. *Tschüs* ist als Lehnwort aus dem romanischen Sprachraum übernommen worden (vgl. *adieu, adiós, adeus, ade*) und bedeutet damit eigentlich „Gott befohlen". Einen Hinweis auf die Abstammung des Wortes gibt die oben erwähnte ältere Form *atschüs* (auch *adjüs* geschrieben, z. B. bei Fritz Reuter, *adjüst* bei Gorch Fock oder *adjüüs* im niederdeutschen Märchen vom Machandelbaum bei den Brüdern Grimm (1857). Alternativ hört man auch: *Holl di! Holl di fuchtig! Munter! Bit annermaal! Wi sehn uns!* ➤ *Moin!* – „*Auf Wiedersehen*" ist sehr formal, „*Up Weersehn*" geht gar nicht.

Tuffel – Kartoffel ➤ *Eerdappel*

Tuun – Zaun, Garten, Stadt „*Wi hebben 'n Richel um uns Tuun.*" = Wir haben einen Zaun um unseren Garten. So sagt man in Ostfrieslands Westen. Im östlichen Teil der Halbinsel heißt es stattdessen: „*Wi hebbt 'n Tuun um unsen*

Gaarn.“, was das gleiche heißt. Im Nordniedersächsischen ist ein *Tuun* eine Hecke, ein Weidezaun. Bei den Friesen ist das umfriedete Stück Land die Hauptsache, genauso bei den Engländern: Eine umfriedete Ortschaft ist „*a town*“. Wir sagen *Stadt* dazu.

U

Ühr Eine Uhr ist *'n Uhr,* doch bei der Uhrzeit heißt es entweder *Klock twalv* oder *twalv Ühr. Dree Ühr is Teetied,* und Tee gibt es auch beim *Elführtje.*

-um Viele Ortsnamen in Ostfriesland enden auf -um. Meistens bedeutet das wohl -heim. Accum, Bingum, Critzum, Ditzum, Eilsum, Haxtum und viele andere. Manchmal ist der Namengeber noch zu erkennen, oft aber sehr verschliffen: Jarßum könnte Gerhardsheim heißen; Wybelsum Heim des Wifel; Ditzum Diddos Heim? Manchmal scheint auch eine Analogiebildung vorzuliegen – es gibt im Umkreis einige – „um"-Orte, also nennen wir uns auch so ...

Ültje Heute ein Markennamen, ursprünglich waren Erdnüsse in Ostfriesland *Ültjes.* Warum? Vielleicht wegen des Gehalts an Öl?

Updröögt Bohnen ➤ *Bohnen*

Upstalsboom Der alte Versammlungsort der Friesen aus den Sieben Seelanden im Mittelalter, in der Nähe von Aurich. ➤ *Friesische Freiheit.* Die Deutung des Namens ist unsicher. Geheimnisse sind ja auch etwas Schönes.

„Auf der Versammlungsstätte ihrer Vorfahren, dem Upstalsboom, errichtet von den Ständen Ostfrieslands im Jahre 1833", lässt uns die Ostfriesische Landschaft seit 1894 dazu wissen.

V

Vagabund Auf Platt gibt es dafür viele Namen: *Landstrieker, Herumdriever, Tippelbröör, Schojer, Schundjer, Strömer. Wenn 'n Buur utscheidt* (aufhört) *to klagen, un 'n Schundjer utscheidt to fragen* (= betteln), *denn geiht 't up de leste Dagen.* Der Vagabund ist offensichtlich negativ besetzt. Aber es gibt ein Gegenbeispiel. Der Dichter Enno Hektor gab im Jahre 1848 eine satirische Zeitschrift heraus: „Der Vagabund. Ein Mondblatt für alle Welt." Leider überforderte er mit seinem Witz die möglichen Leser. So stellte er schon in der ersten Ausgabe den Titel auf den Kopf und erläuterte das dann kunstvoll-ironisch. Bei der zweiten Nummer war der Titel rot gedruckt (denn das Blut war dem Heft in den Kopf gelaufen). Die Nr. 5 hatte eine leere Titelseite. Denn wenn der Leser mit Nichts zufrieden sei, so müsse er doch jetzt zufrieden sein … Und wenn Nichts interessanter sei als das Interessanteste, so sei doch diese leere Seite das Allerinteressanteste! Auch zur Wahl eines Kaisers äußert sich Hektor im „Vagabund": Der Dümmste im Lande sollte Kaiser werden! Nun sei der preußische König ja schon ziemlich dumm, aber er, Hektor, sei bestimmt noch viel dümmer und müsse deshalb Kaiser werden. Und auch seine Abstammung von Hektor, dem Helden vor Troja, könnte man berücksichtigen.

Veenkultuur ➤ *Fehn – Fehnkultur*

verklömen Das errät man nicht so leicht: „In dem kalten Wasser wäre ich fast verklöömt", (ostfriesisches Hochdeutsch). Und Plattdeutsch: *Ik was haast dood klöömt, so kold was 't in de Kark.* Ich wäre fast tot gefroren, so kalt war es in der Kirche.

V

Vorlesetelefon – Vörleestelefoon Viele Menschen, auch viele Ostfriesen, HÖREN gerne Platt, tun sich aber beim LESEN schwer. Da ist das ostfriesische Vörleestelefoon eine gute Sache. Seit 1984 gibt es dieses Angebot in Ostfriesland, jetzt ist es eines der letzten weltweit. Viele Jahre lieferte der Arbeitskreis ostfriesischer Autorinnen und Autoren die Texte, die von den Autorinnen oder Autoren selbst vorgelesen wurden. Der Reihe nach gab es in vierzehntäglichem Wechsel immer zwei plattdeutsche und einen hochdeutschen Text. So kam ein bedeutendes Archiv mit gut 500 plattdeutschen Texten zustande. Seit 2020 beliefert der Schrieverkring Weser-Ems das Telefon, mit ausschließlich plattdeutschen Texten, frisch gelesen und aus dem Archiv. Wenn Sie möchten: 04941-69 99 44. Die Nummer ist Tag und Nacht anwählbar, zum Erstaunen einiger Anrufer wird klaglos auch nachts um 3 vorgelesen.

Wallhecken Wallhecken prägen die Landschaft in der ostfriesischen Geest. Sie sind als Einfriedung und Grenzmarkierung weit verbreitete Elemente der Kulturlandschaft. Die durchschnittliche Höhe eines Walls beträgt etwa einen Meter, die durchschnittliche Breite bei Erdwällen etwa zwei Meter. Wallhecken dienten als Feldbegrenzung, Schutzwehren gegen größere Wildtiere und nebenbei zur Brennholzgewinnung. Sie vermindern auch die Bodenerosion der obersten Erdschicht und dienen als Windschutz gegen Austrocknung. Das Kleinklima am Knick ist dem eines Waldrands vergleichbar. Wallhecken gelten als artenreicher Lebensraum, wirken durch ihre große biologische Vielfalt weit in die Landschaft hinein und stehen deswegen teilweise unter Naturschutz. Schließlich haben sich Wallhecken im Laufe der Jahrhunderte zu einem eigenen Lebensraum für Flora und Fauna der Tiefebene entwickelt.

Wanten Die *Wanten* stützen einen Mast hauptsächlich querschiffs zu beiden Seiten, je nach Bauart aber auch mehr oder weniger nach ➤ achtern. Um die Zugrichtung der Wanten zu verbessern, werden sie durch ➤ *Salinge* vom Mast abgespreizt.

Warf, Warft, Wurt, Worth, Wierde oder Terp Eine Warf oder Warft ist ein als Wohn- oder Hausstätte benutzter Hügel, oder eine künstlich aufgeworfene (!) Anhöhe in

Die Kirche von Critzum steht auf einer Warf. Der Wehrcharakter ist noch erkennbar, mit nebenstehendem Glockenturm, um einem Schiefstand entgegenzuwirken.

der Marsch, worauf ein Haus oder ein Dorf zur Sicherheit vor Sturmfluten und Überströmungen gebaut ist. Vor dem Deichbau die einzige Möglichkeit, in der Marsch (über-)leben zu können. Mitten auf der Warf, an der höchsten Stelle, stand die trutzige Kirche, oft die letzte Rettung bei Sturmfluten. Eine andere Art der Vorsorge war das ➤ *Drievhuus*.

Wassergeusen ➤ *Geusen*

Wassermühlen – Watermöhlens Ganz vereinzelt soll es auch in Ostfriesland und dem Harlingerland Mühlen gegeben haben, die durch Wasserkraft angetrieben wurden. In der Regel funktionierte es andersherum: Mit Windkraft wurde nach niederländischem Vorbild Wasser aus tiefer liegenden Ländereien gepumpt. So wurden ganze ➤ *Meere* trockengelegt. ➤ *Tiefster Punkt*

Wat mutt, dat mutt! Hilft ja nichts, ran an die Arbeit! Keine Ausflüchte! Oder in andern Worten: ➤ *Nütschenix!*

Watt Als *Watt* bezeichnet man Flächen in der Gezeitenzone der Küsten, die bei Niedrigwasser trocken fallen. Der Begriff *Watt* leitet sich vom altfriesischen Wortstamm *wada* „durch Waten passierbar, seicht, untief" her. Was man nicht vermuten würde: Nirgendwo gibt es mehr Lebewesen pro Kubikmeter als im Wattenmeer, nicht nur die paar Seehunde.

Denn die Tierwelt des Wattenmeers besteht überwiegend aus im Boden lebenden Tieren wie Wattwürmern, Muscheln und Schnecken. Diese müssen sich durch Kalkschalen oder Verhaltensanpassungen vor hungrigen Vögeln und Fischen schützen. Neben den wirbellosen Kleintieren leben auch eine ganze Reihe von Fischarten sowie Seehunde, Kegelrobben und seltener Schweinswale im Wattenmeer. Aber auch zahlreiche Pflanzenarten haben sich an die Bedingungen an der Nordseeküste mit dem Wechsel von Ebbe und Flut, den Sturmfluten und einem hohen Salzgehalt anpassen können. Normalerweise vertrocknen Pflanzen, weil ihnen das Salz Wasser entzieht. Die Pflanzen der Salzwiesen schützen sich mit besonderen Tricks, die denen der Wüstenpflanzen gleichen.

-wehr Was die Endung -wehr im Einzelfall bedeutet, ist nicht immer klar zu beantworten. Altniederdeutsch und Altfriesisch kennen *wer* als Besitz, Herrschaft, Ländereien; Abwehr, Verteidigung; Wehr, Damm; Hindernis, Stauwerk im Wasser. Nur im Fall *Widdelswehr* ist es klar, dass hier *Warf* zu *Wehr* geworden ist. Die ursprüngliche Bedeutung kommt ansonsten in der „Bewehrung" mit Wällen und Gräben zum Ausdruck. Unterwegs sehen Sie Abbingwehr, Albringswehr, Bettenwehr, Bolkewehr, …, Langewehr, Middelstewehr, ... , Uitterstewehr. Und bei Cirkwehrum, Hamswehrum, Uthwerdum ist an das -wehr noch die bekannte Endung -um angehängt worden.

Werft Auf einer Werft werden Schiffe und Boote gebaut und repariert. Das Wort wurde im 17. Jahrhundert aus dem Niederdeutschen ins Hochdeutsche übernommen und stammt aus dem Niederländischen, *werf* bedeutet „Schiffszimmerplatz". Im deutschen Sprachraum ist ein -t irgendwann hinzugetreten. Dasselbe geschah bei „Saft": im 14. Jhdt. wird althochdeutsch *saf* zu *saft*, ostfriesisch Platt bleibt *Sapp*, unter dem Einfluss des Hochdeutschen gewinnt auch hier *Saft*.

Wetter, schönes – mooi Weer Das Wetter ist ein beliebtes Thema. In Ostfriesland gibt es nur schönes Wetter. Es gibt nur schlechte = falsche Kleidung.

Wer allerdings bei Sonnenschein und leichtem Wind mit ➤ *Nerz = Friesennerz* und Gummistiefeln herumläuft, macht auch was falsch: Er wird sogleich als Tourist erkannt.

Sie kennen die Redensart: Wenn du den Teller leer isst, gibt es morgen schönes Wetter. Ein gern benutzter, aber offensichtlich unsinniger Spruch. Zumindest zum Widerspruch reizend: Was ist, wenn von zwei Kindern eins den Teller leer macht, das andere sich aber strikt verweigert? Wie wird dann das Wetter? Eben! Da stimmt was nicht. Und dies ist die Auflösung: *„Wenn du alls upeten deist, gifft dat mörgen schönes (mojes) weer“*, hieß es früher in Norddeutschland. „Weer“ heißt „Wetter“, aber „weer“ heißt einfach „wieder“. Eine falsche Übersetzung aus dem Niederdeutschen. Die klare Aussage: „Wenn du alles aufisst, dann gibt es morgen Schönes wieder!“

Wicht ➤ *Mädchen*

Wiehnachten – Weihnachten *„Wiehnachtsmann, kiek mi an, ’n lüttje Junge (Wichtje) bün ik man. Vööl to seggen weet ik neet / nich. Wiehnachtsmann, vergeet mi neet / nich.“* Ein hübsches kleines Kindergedicht, noch unbelastet von den Auftritten bei Halloween. Der Text ist wohl allen einigermaßen verständlich. Und was erfahren wir da nicht alles! Zunächst: Es kommt der *Weihnachtsmann*, und nicht das *Christkind*. Und zweitens: Es kommt der *Weihnachtsmann* – und nicht *Sünnerklaas*, der Nikolaus. Dieser katholische Heilige brachte den Kindern bis zur Reformation die Geschenke, tut es merkwürdigerweise bis heute noch in den calvinistischen Niederlanden – und tat es noch im 20. Jahrhundert auch im reformierten Rheiderland. Inzwischen wechseln da die Fronten: So wie ostfriesische Kinder gerne etwas vom Weihnachtsmann, aber auch ein bisschen vom Sünnerklaas bekommen möchten, erwarten gegenwärtige niederländische Kinder erst einmal den *Sinterklaas*, und feiern dann gerne noch ein bisschen Weihnachten nach deutschem Vorbild.

wiesmaken Wieder mal ein kompliziertes Wortfeld: *Wiesen* heißt beweisen, zeigen, lehren, überzeugen, und *Wiesheid* ist Klugheit. *Wiesmaken* aber bedeutet dann „einen Bären aufbinden, belügen, vorflunkern". *'n Wiesnöös*, ein Besserwisser, ist *wiesnösig* = naseweis oder vorwitzig. Schon das Grundwort *wies* ist weit gefächert, es reicht altklug, naseweis, helle, pfiffig bis vernünftig, klug und weise.

Windloper Durch die starken Winde von See (aus NW bis SW) werden die Bäume an der Landstraße während ihres Wachstums gebeugt. Man nennt sie darum „Windloper" (Windläufer).

Bei Straßenverbreiterungen verloren viele Alleen ihren Charakter – hier noch ein schöner „Windloper".

Windmühlen – Windmöhlens Die Landschaft Ostfrieslands ist geprägt von Windmühlen. Heute sieht man eine große Anzahl von *Windrädern*, die manchmal sehr gehäuft stehen. Bis vor wenigen Jahren stand in vielen Dörfern eine einzige „Holländerwindmühle", nur in Greetsiel standen und stehen die Zwillingsmühlen – de *Twennelmöhlens*. Die typische Holländermühle besteht aus dem Mauerwerk, das bis zur *Galerie* reicht. Von dieser Galerie aus bedient der Müller die Flügel (de *Flögels*) und die Bremse (de *Fang*). Bei Windmühlen mit einem *Steert* (würde hochdeutsch *Schwanz* heißen), das ist ein langer Balken, der von der *Kappe* bis zur Galerie herunter reicht, stellt der Müller das Flügelkreuz gegen den Wind.
Deutsche Mühlen haben statt des Steertes oft eine Windrose, die die Flügel automatisch in den Wind dreht. Vorteil: Viel weniger Arbeit, Nachteile: Nach Windstille kann das Flügelkreuz so ungünstig stehen, dass der Wind von hinten kommt und die Kappe samt Flügeln herunterkracht. Denn der fehlende Steert bedeutet ja zusätzlich: fehlendes Gegengewicht.
Früher hatten die Mühlen Segelflügel. Der Müller musste an den Flügeln hochklettern und die Segel setzen oder reffen. Dieses Kürzen der Segel nennt der Müller *„swichten"* (vgl. unser hochdeutsches „beschwichtigen", darum heißt die Galerie auch *„Swichtstell"*, also „Gestell, um die Segelfläche zu verkleinern." Moderner ist die Ausstattung der Windmühle mit Jalousieklappen, die öffnen oder schließen sich entsprechend dem Wind automatisch. Über dem Mauerwerk erhebt sich das *Achtkant*, bekleidet mit Teerpappe, Aluminium oder – am schönsten – aus Reit. Entsprechend der Höhe der Mühle gibt es mehrere Geschosse oder Böden, die *Söller*, *Soller* oder *Böön* heißen. Ganz oben, schon halb in der Kappe, befindet sich der *Kappsoller*. Dort befinden sich auch die oberen Zahnräder,

Am Ortseingang von Greetsiel stehen die bekannten Zwillingsmühlen, ein echter Hingucker.

dem *Bovenrad, Assrad, Kammrad* oder *groot Rad*, das auf der Flügelwelle sitzt, und dem halb so großen *Bunkler*, der auf der senkrechten zentralen Achse, dem *König*, sitzt. Die Kämme und Zähne greifen ineinander, und da der Bunkler nur halb so groß ist wie das Assrad, dreht sich der König doppelt so schnell wie die Flügel. Auf das Kammrad wirkt der *Fang*, die Bremse. Mit Hilfe einer Kette kann der Müller die Bremse von der Galerie aus bedienen.

Am unteren Ende des Königs sitzt wiederum ein großes Zahnrad, mit dem die Mahl- und Pellgänge betrieben werden. Es heißt *Tackrad* wegen seiner Zähne, und *Steernrad*, weil die Tacken auf der Stirnseite der Felge eingelassen sind.

Über ein Stockgetriebe werden nun die Mahlgänge erreicht. Jeder Mahlgang hat ein solches Rad, das aus zwei Scheiben mit rund 40 Stäben besteht. Deshalb *Staavrad*, und wegen der Scheiben *Schievloop*. Die Mahlgänge können ein- und ausgerückt werden, je nach Bedarf. Die Schievlopen sitzen jeweils auf einer senkrechten Welle, *Mahlgangsspill* oder *Steenspill*, deren Klaue greift in den oberen beweglichen Mahlstein, den Loper, und dreht ihn. Zwischen den Loper und den festliegenden Ligger wird das Korn gegeben und zerschnitten und zerrieben.

Eine gepflegte Windmühle läuft fast lautlos, nur das Klappern hört man, wenn der Rüttelschuh gegen die Rippen des Spills schlagen. Dadurch läuft das Korn langsam zwischen die Steine. Durch die *Mehlpiep*, einem hölzernen viereckigen Schacht, gelangt das Mehl dann in den Sack. Beim *Pellgang* wird Gerste von ihrer Schale befreit, das Produkt sind die Graupen (*Göört*), früher ein wichtiges Nahrungsmittel. Der Pellgang besteht aus nur einem Stein, der mit einem gelochten Blech (*Pellblick, Raspelblick, Riffelblick*) umgeben ist, so wird durch die Drehung des Steins die Schale abgerieben.

Pellgang und Malgänge liegen auf dem *Galeriesoller, Steensoller* oder *Mahlsoller*. Die Säcke mit dem zu mahlenden Korn werden mit einem Sackaufzug, der *Leideree* (von leiten) hochgezogen *(hoogtillt)*. Die Konstruktion besteht aus einem massiven Tellerrad („*Stüürk-* oder *Stoorkenüst* = Storchennest), auf dem ein Schleifrad (*Leirad*) läuft, das durch ein Hebelsystem angehoben und abgesenkt werden kann. Das Rad sitzt auf einer waagerechten Welle, um die sich das Tau mit dem anhängenden Sack wickelt. In den Böden der einzelnen Soller befinden sich Klappen, die sich öffnen, wenn der Sack kommt, und sich anschließend wieder schließen. So eine Windmühle ist wirklich ein Wunderwerk der Technik.

Weitere Mühlen sind die ➤ *Bockwindmühle*, der *Erdholländer*, der ➤ *Flutter*, die ➤ *Kokermühle*.

Windräder Neulich fragte ein Feriengast, ob es nicht zu viele Windräder in Ostfriesland gäbe. Nein, sagte ich, die brauchen wir, damit es immer genug Wind gibt. Ich sah den Zweifel in seinen Augen. Sie haben doch sicher schon selber gesehen, sagte ich, dass die Windräder still standen. Ja, hatte er. Und? Wehte da der Wind? Der Mann war überzeugt. (Tut mir inzwischen leid!) Tatsächlich sind Wind und Sonne wichtige Energielieferanten geworden. Im Jahr 2019 lieferte die Windenergie in Deutschland circa 126,4 TWh elektrische Energie, Eine Terawattstunde –

TWh – entspricht einer Milliarde Kilowattstunden. Was man mit so viel Strom machen könnte? Zum Beispiel ein Mittagessen für vier Milliarden Menschen – die halbe Menschheit – auf dem Elektroherd kochen. Allerdings gibt es mit den Windrädern auch Probleme: Die Windräder erzeugen Infraschall, den man nicht hören kann, denn diese Geräusche liegen unter der menschlichen Hörschwelle. Dennoch hat Infraschall eine Wirkung auf den Menschen. Das ist nicht unumstritten, doch von Schlafstörungen, Schwindel oder Kopfschmerzen und dem ständigen Gefühl, dass da irgendwas brummt, ist die Rede. Wissenschaftler schätzen, dass zehn bis 30 Prozent der Bevölkerung betroffen sein könnten.

Wippsteert ➤ *Steert* ist der Schwanz und wippen kennen wir auch im Hochdeutschen: hüpfen, schaukeln, sich auf und ab bewegen. Also ist ein *Wippsteert* ein unruhiger, quirliger Mensch. Gleichzeitig wird auch die Bachstelze so genannt.

-wold, -wolde In diesem Wort steckt noch etwas vom „Wald". Wald aber heißt auf Platt *Busk* oder *Holt*. *Wold(e)* dagegen steht für „Bruchlandschaft mit niedrigem Gebüsch" oder „tief gelegenes, sumpfiges und mooriges Land". Im Harlingerland „mooriges Grasland". Als Ortsnamen: Wolthusen, Ayenwolde, Sankt Georgiwold, Simonswolde ...

Wulkje – ein Wölkchen Oben auf den ostfriesischen Tee legt die Hausfrau mit dem *Rahmlepel / Rohmlepel* ein wenig ungeschlagene Sahne. Dann bildet sich ein *Wulkje*. Geübte Teeeinschenker geben der Sahne dabei einen leichten Schwung gegen den Uhrzeiger – ein schönes Symbol, dass beim Teetrinken die Zeit kurz stehen bleibt.

Z

Zwischen den Jahren – Tüsken de Jahren In Friesland heißt diese Zeit „*Twasche ujl en nai*". „Zwischen alt und neu." Auch schön. Die Redewendung „Zwischen den Jahren" beschreibt heute in der Regel die Zeit zwischen Weihnachten und Neujahr, Ursprünglich war das der Zeitraum der sogenannten Raunächte zwischen dem 1. Weihnachtstag am 25. Dezember und dem 6. Januar (Fest der Erscheinung des Herrn – Epiphanienfest).
Bis zur Kalenderreform durch Papst Gregor XIII. war der 6. Januar in weiten Teilen Europas der Beginn des neuen Jahres. Dieses Datum geht auf römische Bräuche zurück. Das Jahresende wurde dagegen traditionell am 24. Dezember begangen, so dass die Zeit bis Beginn des nächsten Jahres „zwischen den Jahren" lag. Zudem wurde der Gregorianische Kalender aus konfessionellen Gründen nicht überall gleichzeitig eingeführt. Daher unterschieden sich um die Jahreswende die Jahreszahlen zwischen den Gebieten des alten und neuen Kalenders. In Ostfriesland zum Beispiel erfolgte die Umstellung erst im Jahr 1700, so dass auf den 18. Februar 1700 direkt der 1. März 1700 folgte, was einen Sprung von 10 Tagen bewirkte. Die Datumsangaben in Ostfriesland vor dem 18. Februar 1700 erfolgten demnach immer nach dem Julianischen Kalender – oder wurden in der Korrespondenz mit auswärtigen Mächten in beiden Stilen dargestellt. Papst Innozenz XII. legte schließlich 1691 den letzten Tag des Jahres verbindlich fest, und zwar auf den 31. Dezember.
Tüsken de Jahren is 'n heel besünner Tied. Daar könen de Deren in d' Stall um Middernacht proten, dor köönt de Deerten snacken. Word d'r so seggt … / Werd so seggt ...

PLATTDEUTSCH

Sprache oder Dialekt?

Sein oder Nichtsein – das ist hier die Frage.
Und so schwer Hamlet sich bei *seinem* Problem tut, so leicht fällt den meisten Norddeutschen die Antwort: „Is doch klar, Platt is ’ne Sprache!“ Also denn. Sooo klar ist das vielleicht doch nicht.

Max Weinreich (*1894 in Kuldīga, damals im Russischen Kaiserreich gelegen; gestorben 1969 in New York) war ein Sprachwissenschaftler mit den Fachgebiet Jiddisch und Leiter des Yidisher Visnshaftlekher Institut (YIVO). Er wird oft mit dem folgenden Zitat in Verbindung gebracht, was eine Sprache von einem Dialekt unterscheide:
Jiddisch in hebräischer Schrift:
„אַ שפּראַך איז אַ דיאַלעקט מיט אַן אַרמיי און פֿלאָט“.
Jiddisch in lateinischen Buchstaben: „a schprach is a dialekt mit an armej un flot“, und auf Deutsch – Sie haben es schon verstanden: „Eine Sprache ist ein Dialekt mit einer Armee und einer Marine“, also mit staatlicher Macht im Hintergrund. Auch Weinreich hat den Spruch nicht selbst erdacht, sondern im Rahmen einer Vorlesung gehört, und trug daraufhin gerne zu seiner Verbreitung bei.
Und so ist *Niederländisch* auf jeden Fall eine Sprache, *Letzeburgisch* (in Luxemburg) und *Schwyzerdütsch* auch. Plattdeutsch hatte und hat alle Voraussetzungen … nur bislang keine staatliche Gewalt, die dahinter steht.

Die Bibel – Spiegel und Motor der Sprachgrenze

In der Geschichte Ostfrieslands und der benachbarten Niederlande spielt die Reformation eine erhebliche Rolle, sowohl für die politische als auch für die sprachliche Entwicklung. Von Bedeutung sind dabei auch und gerade die Bibelübersetzungen.

Bugenhagenbibel = Lübecker Bibel von 1533 – (nddt.) Im Zusammenhang mit der Reformation entwickelte sich in Norddeutschland auch die Vorstellung einer Bibel in niederdeutscher Sprache. Seit 1524 war der bedeutende Reformator und Weggefährte Martin Luthers, Johannes Bugenhagen, in Wittenberg beratend an der Entstehung des niederdeutschen Neuen Testaments beteiligt.

Welchen Anteil er an der Übersetzung genau hatte, ist bis heute nicht ganz geklärt. Erst ab 1545 erscheint sein Name auf dem Titelblatt, und es bürgerte sich die Bezeichnung *Bugenhagenbibel* ein. Für die Gesamtausgabe verfasste er das Vorwort, das auf den Dienstag nach Ostern des Jahres 1532 datiert ist. Darin gibt er an, dass diese Bibel ganz auf dem Werk Luthers beruhe und daher *schal heten des Luthers Biblie*.

Da das Mittelniederdeutsche die Sprache der Hanse war, wurde diese Bibelausgabe zum Prototyp von Ausgaben in verschiedenen Sprachen und Ländern Nordeuropas. Bis 1622 erschienen noch 25 Auflagen, von Magdeburg (1534) bis Goslar (1621). Im Zuge der Wiederentdeckung des Niederdeutschen im 19. Jahrhundert überarbeitete Pastor Johannes Paulsen aus Kropp (SH) gemeinsam mit Klaus Groth die Bugenhagenbibel; ihre Fassung des Neuen Testaments erschien 1884.

Schon im 16. Jahrhundert waren mehrere niederländische Bibelübersetzungen entstanden. Die verbreitetste war die Deux-aes-bijbel. (deux = 2, aes = as = 1)

Die Deux-Aes-Bibel wurde gedruckt in Emden, und erschien 1562 als *Biblia, dat is de Gantsche Heilige Schrift, grondelick en vetrouvvelijk verduydtschet* (= gründlich und vertrauenswürdig verdeutscht). Bis zum Erscheinen der ➤ *Staatenbibel* war es die maßgebliche Bibelübersetzung für die reformierten Niederländer. Der Name *Deux-Aes-*

Bibel leitet sich ab von einer Randbemerkung zum biblischen Buch Nehemia, Kapitel 3, Vers 5, die Martin Luther zugeschrieben wird. In diesem Vers wird vom Wiederaufbau Jerusalems erzählt, zu dem die angesehenen Persönlichkeiten nichts beitragen wollten. Dazu nimmt Luther das Bild von den Augen eines Würfels zu Hilfe: *De armen moeten het cruyce draghen, de rijcke en geven niets.* Die Armen müssen das Kreuz tragen, die Reichen geben nichts: Deux en aes (2 und 1 = die Armen) haben nichts. Six cinque (6 und 5 = die Reichen) geben nichts. Quatar dry, (4 und 3 = der Mittelstand) ist freigebig.

Statenbijbel – die Staatenübersetzung oder Staatenbibel

Die *Statenbijbel* ist die historisch bedeutendste Bibelübersetzung in niederländischer Sprache. Das Übersetzungswerk wurde von den Generalstaaten finanziert – daher der eingebürgerte Name – und von ausgewählten reformierten Theologen aus verschiedenen Regionen des niederländischen Sprachgebiets in Gemeinschaftsarbeit bis 1637 fertiggestellt. Die Staatenübersetzung hatte großen Einfluss auf die Entwicklung der niederländischen Sprache. Mit der Arbeit beauftragt waren vor allem Übersetzer aus Flandern und Südholland, aber für das Alte Testament war unter anderem auch Johann Bogermann aus Upleward in Ostfriesland benannt worden. (Bogermann war nicht irgendeiner, er hatte studiert in Franeker, Heidelberg, Genf, Zürich, Lausanne, Oxford und Cambridge, und wurde Prediger in Sneek, in Enkhuizen und in Leeuwarden. Er wurde von der Dordrechter Synode 1618–19 zum Präses gewählt und wirkte ab 1636 als Doktor und Professor der Theologie an der Universität ➤ *Franeker.*)

Gebrauch der Bibeln in Ostfriesland Eigentlich erwartbar: In den lutherischen Gemeinden wird Deutsch die Kirchensprache, die Pastoren studieren an deutschen Universitäten, und sie verwenden die Lutherbibel. Die reformierten Gemeinden im Westen sind mit den Niederlanden verbunden, die Pastoren studieren an niederländischen Universitäten, die Kirchensprache ist Niederländisch – und die Bibel also die Statenbijbel. Im 19. Jahrhundert drängen die Obrigkeiten mehr und mehr auf deutschsprachige Gottesdienste, doch die letzte niederländische Predigt in Emden wird noch im Jahre 1879 gehalten.

Bemerkenswert am Schluss dieser Betrachtung ist vielleicht, dass nicht nur die Kirchensprache, sondern auch der Kirchbau diese alte Bistumsgrenze zeigt: Östlich von Westeraccum, also im Bistum Bremen, wurden für das Fundament der Kirchen schwere Granitbrocken verwendet, die in der Eiszeit aus Skandinavien hergetragen wurden. Westlich von Westeraccum, also im Bistum Münster, wurde ausschließlich mit Tuff- und Backsteinen gearbeitet. Der Tuff ist ein vulkanisches Gestein. Aus der Eifel gelangte er über den Rhein nach Ostfriesland.

Literaturverzeichnis

Dat Appelbookje. Äpfel in Ostfriesland. Von H. Schmidt, M. Tjarks, H.-H. Buss, M. Bergmann. Oldenburg: Isensee 2017

Buurman, Heinrich: Als die Ostfriesen radeln lernten. Leer: Sollermann 2001

Buurman, Otto: Hochdeutsch-plattdeutsches Wörterbuch. Auf der Grundlage ostfriesischer Mundart. zwölf Bände. Neumünster: Wachholtz Verlag 1962 – Das Wörterbuch erschien 1993 in einem Nachdruck seitens des Vereins „Oostfreeske Taal" (vergriffen), ist aber jetzt auf der Internetseite www.platt-wb.de als PDF zu finden.

Byl, Jürgen: Sprachbetrachtungen. Emden: DIESEL 2002

Doornkaat-Koolman, Jan ten: Wörterbuch der ostfriesischen Sprache. 3 Bde. Norden: Verlag von Herm. Braams 1879–84.

Haddinga, Johann: Über die Ostfriesen. Bremerhaven: Nordwestdeutscher Verlag Ditzen & Co. 1974

Haddinga, Johann: Das Buch vom ostfriesischen Tee. Leer: Schuster 1977

Hektor, Enno: Der Vagabund. Ein Mondblatt für alle Welt. Jahrgang 1848. Unveränderter Nachdruck der Ausgabe Emden 1848. Leer: Schuster 1978

Kochbuch aus Ostfriesland, Das. Gesammelt, aufgeschrieben und ausprobiert von Annelene von der Haar. Westbevern: Verlag Werner Hölker 1975

Lücht, Wilko: Ostfriesische Grammatik. Aurich: Ostfriesische Landschaft 2016

Lüpkes, Wiard:
Ostfriesische Volkskunde.
2. verb. Auflage.
Leer: Schuster 1972

Möhn, Dieter, Carl-Heinz Dirks, Bernd Kappelhoff, Wolfgang Marx, Jürgen Meier:
Die Fachsprache der Windmüller und Windmühlenbauer.
Aurich: Ostfriesische Landschaft 1986

Ostfriesland im Schutze des Deiches. Beiträge zur Kultur- und Wirtschaftsgeschichte des ostfriesischen Küstenlandes. Das Werk mit seinen zwölf Bänden gilt als Standardwerk. Hrsg. zunächst von der Deichacht Krummhörn in Pewsum und in späteren Auflagen in den Leeraner Verlagen Rautenberg und zum Teil Schuster.
Band II:
Der Gestaltwandel der ostfriesischen Küste und Entwicklung des Deichwesens bis zur Gegenwart.
Band V:
H. Schmidt: *Politische Geschichte Ostfrieslands.*
Band VI:
M. Smid: *Ostfriesische Kirchengeschichte.*
Band VII:
E. Siebert / B. Schroer:
Geschichte der Stadt Emden von 1750 bis zur Gegenwart.
Band VIII:
H. Wiemann/J. Engelmann: *Alte Straßen und Wege in Ostfriesland.*
Band X (Geschichte der Stadt Emden 1):
Von den Anfängen bis 1611. (Mehrere Autoren)
Band XI (Geschichte der Stadt Emden 2):
Bernd Kappelhoff:
Emden als quasi-autonome Stadtrepublik 1611 bis 1749.

Plattdeutsches Schimpfwörterbuch für Ostfriesen und andere Niederdeutsche, hrsg. von Theo Schuster. Leer: Schuster 1991

Remmers, Arend: Von Aaltukerei bis Zwischenmooren. Die Siedlungsnamen zwischen Dollart und Jade. Leer: Schuster 2004

Reyer, Herbert / Martin Tielke (Hrsg.): Frisia Judaica. Beiträge zur Geschichte der Juden in Ostfriesland. Aurich: Ostfriesische Landschaft 1988

Sanders, Adolf: Ostfriesland von A bis Z. Ostfreesland-Nakieksel. 2., überarbeitete Auflage. Norden: SKN 2010

Schuster, Theo: Bösselkatrien heet mien Swien. Das Tier in der ostfriesischen Kulturgeschichte und Sprache. Leer: Schuster 2001

Wilhelmshavener Heimatlexikon. Hrsg. Werner Brune. 3 Bde. Wilhelmshaven: Brune Druck- und Verlagsgesellschaft 1986

Wojak, Andreas: Moordorf. Dichtungen und Wahrheiten über ein ungewöhnliches Dorf in Ostfriesland. Bremen: Edition Temmen 1992

Bildnachweis

Coverabbildungen:
Alle Adobe, bis auf Teetasse/Wikimedia Commons/Matthias Süßen, Otto Waalkes/Wikimedia Commons, Frank Schwichtenberg

Abbildungen innen:
Seite 7: Originalzeichnung von Otto Waalkes
Seite 8: Karte/Wikimedia Commons
Dpa Picture-Alliance GmbH, Frankfurt/Main: Seite 30, 160
Huber images, Garmisch-Partenkirchen: Seite 40, 42, 49, 142 u., 195
Ostfriesische Landschaft, Aurich: Seite 141
Georg Stark/Blaudruckerei im Kattrepel, Jever: Seite 25
Wikimedia Commons: Seite 8, 10, 18, 19, 23, 26, 29, 32, 34, 35, 43, 46, 54, 57, 58, 65, 67, 73, 75, 93, 97, 100, 107, 109, 111, 113, 115, 116, 117, 122, 123, 129, 137, 140, 142 o., 144, 147, 149, 151, 152, 157, 163, 164, 166, 171, 175, 177, 179, 180, 182, 186, 189, 193

Karl-Heinz Groth
So snackt Schleswig-Holstein
168 Seiten mit 37 Abbildungen
978-3-8319- 0778-6

Schleswig-Holstein ist ein Mehrsprachenland. Neben dem Hochdeutschen wird das vor allem an dem in diesem Buch gesammelten Wortschatz deutlich, der vorwiegend Niederdeutsches (Plattdeutsches) und in Teilen Friesisches und Dänisches enthält. Über dreihundert Begriffe und Redewendungen, von Leserinnen und Lesern aus allen Teilen unseres Landes „tostüert" (beigesteuert), vermitteln einen nachhaltigen Eindruck von Originalität, Witz, Sprachkraft und Metaphorik im Alltagsleben Schleswig-Holsteins.
Wenn „Holland in Not" oder dat „Hööchste Iesenbahn" is, versteht jeder, dass nun schleunigst etwas geschehen müsse. Und wenn einem „Hol di stief, hol di fuchtig oder hol de Ohren stief" hinterhergerufen wird, schwingt dabei die Ermutigung mit, man solle gesund bleiben, bis bald, man schaffe es schon, man solle sich nicht unterkriegen lassen.

Rolf Kiesendahl
Komma bei den Oppa
Sprache des Potts
160 Seiten mit 40 Abbildungen
978-3-8319-0779-3

Mit Witz und Humor, selbstironisch, offen und ehrlich kommt die Sprache des Ruhrgebiets daher. Hier sagt man gleich, watt Sache is, ein Wort-Gebräu mit Wurzeln in den ärmeren Regionen Deutschlands, in Polen, den Niederlanden und sonst wo.
Stopp! Sind im Ruhrgebiet überhaupt noch diese sprachlichen Petitessen zu hören? Wo die letzten Zechen dicht machten und die Kumpel von damals heute Touristen durch Anschauungs-Bergwerke führen? Wo es kaum noch die berühmten Eckkneipen gibt, mit dem Solei-Glas auf der Theke? Doch, dieRuhrpott-Sprache lebt weiter.Datt Buch will Sie dat ma verkasematuckeln, zum Beispiel durch ein kleines Ruhri-Alphabet und den lebenswichtigen Sprachführer durch den Alltag. Ebenso der Versuch, die wichtigsten Grammatikregeln zu erläutern. Erfolgreiches Scheitern ist vorprogrammiert. Dazu Kurz-Portraits von Protagonisten, die das Revier und seine Sprache aus dem Kohlenkeller geholt und bundesweit bekannt gemacht haben – von Anton und seinem Kumpel Cervinski bis Herbert Knebel.

Daniel Tilgner
So snackt Hamburg
252 Seiten mit 75 Abbildungen
978-3-8319-0780-9

„So snackt Hamburg" ist die Schatzkiste der Hansestadt! Prallgefüllt mit dem, was Hamburg genauso unverwechselbar macht wie seine Lage an Alster, Elbe und Bille: seiner Sprache. Wer neu in Hamburg ist, hier liest und inne U-Bahn offene Ohren hat, weiß bald Beschait. Aber sonst bleibt man „Quiddje", ist bald ganz „benaut", weil man nichts versteht, weiß nicht, was an den Vierlanden vierteilig ist, woher der Ausdruck „Daddeldu" stammt und was „Schnoop" bedeutet! Das halbe Tausend Stichwörter dieser Sammlung von Worten, Begriffen und Redewendungen bietet nicht nur Antworten auf diese und viele andere Fragen, enthalten sind außerdem jede Menge Geschichte(n) und unterhaltsam verklarte Details der Stadt. Querverweise erleichtern die Benutzung und viele Abbildungen ergänzen die Texte.

Thomas Schumacher
365 Tipps für einen schönen Tag in Ostfriesland
256 Seiten mit 190 Abbildungen
978-3-8319-0720-5

Selbst ausgewiesene Ostfriesland-Kenner werden in diesem Buch Neues entdecken. Wir haben für Sie – ohne Anspruch auf Vollständigkeit – 365 Tipps für einen schönen Tag in Ostfriesland ausgewählt – also einen für jeden Tag des Jahres. Sie erfahren zum Beispiel:

· Wo man die urigste Kneipe findet.
· Was Fehn bedeutet.
· Warum Sahne in den Tee muss.
· Wo man den besten Fisch essen kann.
· Was die Kulturszene anbietet.
· Wo es in Ostfriesland „kriminell" wird.
· Wo die ostfriesischen „Häuptlinge" residiert haben.
· Dass die Evenburg im Leeraner Stadtteil Loga liegt.
· Und so weiter, und so weiter …

Ein Buch für all jene, die Ostfriesland gut zu kennen glauben, aber immer wieder von Neuem überrascht sind. Und für die, die neugierig auf Ostfriesland und seine geheimen, aber auch bekannten Orte sind und die es genießen, diese schöne Region aus allen Blickwinkeln zu erobern.

Impressum

Bibliografische Information der Deutschen Nationalbibliothek
Die Deutsche Nationalbibliothek verzeichnet diese Publikation in der Deutschen Nationalbibliografie; detaillierte bibliografische Daten sind im Internet über http://dnb.d-nb.de abrufbar.

ISBN 978-3-8319-0792-2

Text und Bildlegenden:
Carl-Heinz Dirks, Emden
Redaktion:
Ellert & Richter Verlag, Hamburg
Gestaltung und Karte auf Seite 8:
BrücknerAping, Büro für Gestaltung, Bremen
Gesamtherstellung:
CPI books GmbH, Leck

www.ellert-richter.de
www.facebook.com/EllertRichterVerlag